三十六计精要新解

中国历代兵书精要新解丛书

薛国安 樊利君 著

新时代出版社

图书在版编目（CIP）数据

三十六计精要新解 / 薛国安，樊利君著 . -- 北京：
新时代出版社, 2024. 11. -- ISBN 978-7-5042-2652-5

Ⅰ. E892.2

中国国家版本馆 CIP 数据核字第 2024M23N28 号

※

新时代出版社 出版发行

（北京市海淀区紫竹院南路 23 号　邮政编码 100048）
雅迪云印（天津）科技有限公司印刷
新华书店经售

*

开本 710×1000　1/16　　印张 13.75　　字数 142 千字
2024 年 11 月第 1 版第 1 次印刷　　定价 68.00 元

（本书如有印装错误，我社负责调换）

国防书店：（010）88540777　　书店传真：（010）88540776
发行业务：（010）88540717　　发行传真：（010）88540762

总 序

中国古代兵书卷帙浩繁、汗牛充栋，据统计，从先秦到清末共有3380部，23503卷，其中存世兵书2308部，18567卷。如此众多的兵书，既是中华优秀传统文化的重要组成部分，又是一座神秘又耀眼的文化宝库。这座宝库历经数千年的沉淀，是由无数兵家战将的鲜血凝成的兵家圣殿，是经过无数思想巨匠之手建筑起来的智慧殿堂。在这座宝库里，珍藏着不可胜数的制胜秘笈，也陈列着不计其数的泣血篇章。由于长期被尘封在石室金匮之中，使其更添一份神秘色彩，一般人难以窥视其貌。随着文明的进步和社会的发展，这座宝库的大门逐渐敞开，人们惊奇地发现，那些朽蚀的简牍、发黄的卷帙上的文字仍然鲜活，仍然充满生命力。如果按照现代军事科学的分类加以解读，其内容涵盖了战争性质及其基本规律、指导战争的战略谋略及战法、国防建设和军队建设、保障和辅助战争行动等各种专门知识的理论。如此广博的思想内容，经过千百年的战争实践检验，以及一代又一代兵家战将的不断补充，日臻完善。这些兵书为中国传统军事文化奠定了坚实的根基，注入了鲜活的灵魂。

在2023年6月2日召开的文化传承发展座谈会上，习近平总书记发表了重要讲话，他强调："中华文明的连续性，从根本上决定了中华民族必然走自己的路。"当今世界，随着军事技术的飞速发展，战争理论、作战方式、建军思想、国防观念、后勤保障都在发生巨大的变化。同时，东西方军事文化日益交融、渗透，互相影响，互相借鉴，大有趋同之势。在此过程中，如果我们掉以轻心，盲目地模仿或照搬西方的模式，必然失去自我，失去中国军事文化的根基和灵魂。如果剑不如人，剑法也不如人，势必每战必殆。毛泽东军事思想充分吸收了中国传统军事文化的养料，其活的灵魂就是"你打你的，我打我的"，绝不按对手的思路打仗，绝不随对手的节奏起舞。在险象环生、强敌如林的当代世界战略格局中，要想在军事上形成有效的威慑力，在战场上稳操胜券，在平时确保国家安全，我们必须做到"两手都要硬"。一手是加速发展先进军事技术和武器装备，提升国家军事硬实力；另一手则是继承中国传统优秀军事文化的根与魂，结合马克思主义军事理论，以习近平强军思想为指导，创新和发展具有中国特色的军事理论，加强军事软实力。思想是行动的先导和指南，吸收前人智慧、创新军事理论十分重要和必要，正是基于这一紧迫的时代要求，我们编写了《中国历代兵书精要新解》丛书，以期为推动军事理论的创新和发展作出贡献。

《中国历代兵书精要新解》丛书，共计14本，300余万字。所谓"历代"，是指所选兵书上至先秦，下至民国，纵跨历朝历代。所谓"精要"，是指对精选的每本兵书择其思想精髓和要点加以评述。所谓"新解"，至少包含三"新"：一是作者队伍以新时代培养出来的具有军事博士学位的教研骨干为主体，思想新、观念新、文笔新；二是写作方法有所创新，突破原文加注释的传统模式，按照兵书逻辑思路，层层提炼要点，再加以理论评述，点、线、面有机结合；三是材料新，基于兵书原典，参照前人学术成果，大量吸收古今战例，甚至社会竞争、企业经营、体育竞赛的案例，以新的视角诠释兵家思想观点。

整套丛书有总有分，纵向排序。第一部《中国历代兵书精要通览》作为总览，总体上介绍了中国古代兵法的发展概况、基本特点和现实价值，并从浩如烟海的兵书宝库中精选约40部有代表性的兵书，提炼其精华，评说其要义。第二部至第十四部则是对各部兵书的细致解析，依次是《孙子兵法精要新解》《吴子精要新解》《司马法精要新解》《孙膑兵法精要新解》《尉缭子精要新解》《鬼谷子精要新解》《六韬精要新解》《三略精要新解》《将苑精要新解》《唐李问对精要新解》《纪效新书精要新解》《三十六计精要新解》《曾胡治兵语录精要新解》。这些兵书基本上涵盖了中国古代军事思想的精髓，各有千秋，颇具代表性。每位作者在深入研究、吃透精髓的基础上，以深入浅出的文笔展现其思想精华，并将古代军事智慧与现实军事斗争、社会竞争相结合，深入剖析其现实价值和借鉴意义。

任何事物都是时代的产物，不可避免地带有时代的印记。古代统治阶级不断把封建迷信、腐败落后的东西强加到社会生活的意识形态领域中，限制着人们的思想进步，阻碍着科学的发展。形成于中国古代社会的兵书，自然会留下一些时代烙印。虽然这套丛书的所有书目都是从中国古代兵书宝库中精心挑选出来的，堪称精品中的精品，作者也尽力展现其思想精要，但某些篇章或段落中难免隐含一些糟粕的内容。因此，我们建议军事领域的广大读者在品读本套丛书时，既要注重取其精华，又要注重去其糟粕，这是我们对包括古代兵书在内的一切传统文化的根本态度。惟有如此，方能从古老悠久的兵书宝库中获得创新中国特色军事理论的启示，方能继承和发展中华民族优秀军事思想的根与魂，为推进当代中国军事文化向前发展做出积极的贡献。对于非军事领域的广大读者而言，也不妨秉持这一根本态度，方可从战争之道领悟竞争之妙，从制胜秘诀寻觅智赢神方，从统军之法发现管理奇招，为追求卓越、实现人生理想提供智慧的启示和方法的指引。

经国防大学出版社原总编刘会民老师举荐，本套丛书由我们团队倾心打造，集结了众多专家和学者的智慧与心血。在选题立项过程中，我们得到了新时代出版社领导的大力支持，他们基于全面弘扬中国传统优秀军事文化的初心，紧扣时代的要求，果断立项，并与我们共同策划选题。在写作过程中，我们得到了新时代出版社诸位编辑的大力协助，他们严谨的工作态度和卓越的专业素养，为本书从构思走向现实提供了坚实的保障。同时，各位社领导和编辑也提出了许多宝贵和中肯的意见，为本书的完善提供了关键的指导。在此，我谨代表整个编写团队，向他们表达最衷心的感谢。

这套丛书的出版，是我们共同努力的成果，也是我们共同智慧的结晶。它不仅仅代表着我个人的努力，更凝聚了整个团队的心血和付出。我深信，这套丛书将会为读者带来新的思考和启示，为繁荣中国特色军事文化增光添彩。

薛国安

2023 年冬至

目 录

前言
 （一）《三十六计》的形成和影响 // 1
 （二）《三十六计》基本特点 // 3
 （三）《三十六计》不是厚黑学教本 // 6

一、运筹"胜战计"，谋求制胜有利态势
 [篇题解析] // 002
 第一计　瞒天过海 // 002
 第二计　围魏救赵 // 008
 第三计　借刀杀人 // 012
 第四计　以逸待劳 // 016
 第五计　趁火打劫 // 020
 第六计　声东击西 // 024
 [小结] "胜战计"的制胜逻辑 // 028

二、巧设"敌战计"，敢与强敌斗智斗勇
 [篇题解析] // 032
 第七计　无中生有 // 032
 第八计　暗度陈仓 // 036
 第九计　隔岸观火 // 041

第十计　笑里藏刀 // 044

第十一计　李代桃僵 // 047

第十二计　顺手牵羊 // 052

［小结］"敌战计"的制胜逻辑 // 055

三、妙用"攻战计"，积极创造有利战机

［篇题解析］// 058

第十三计　打草惊蛇 // 058

第十四计　借尸还魂 // 062

第十五计　调虎离山 // 065

第十六计　欲擒故纵 // 068

第十七计　抛砖引玉 // 072

第十八计　擒贼擒王 // 077

［小结］"攻战计"的制胜逻辑 // 081

四、慎行"混战计"，多方应对复杂情况

［篇题解析］// 086

第十九计　釜底抽薪 // 087

第二十计　浑水摸鱼 // 092

第二十一计　金蝉脱壳 // 096

第二十二计　关门捉贼 // 099

第二十三计　远交近攻 // 102

第二十四计　假道伐虢 // 105

［小结］"混战计"的制胜逻辑 // 108

五、密施"并战计",借机增强己方势力

[篇题解析] // 112

第二十五计　偷梁换柱 // 113

第二十六计　指桑骂槐 // 116

第二十七计　假痴不癫 // 120

第二十八计　上屋抽梯 // 126

第二十九计　树上开花 // 130

第三十计　　反客为主 // 132

[小结] "并战计"的制胜逻辑 // 138

六、暗施"败战计",迅速摆脱竞争困境

[篇题解析] // 142

第三十一计　美人计 // 143

第三十二计　空城计 // 147

第三十三计　反间计 // 154

第三十四计　苦肉计 // 159

第三十五计　连环计 // 163

第三十六计　走为上 // 167

[小结] "败战计"的制胜逻辑 // 171

附录一：《三十六计》计名诗

附录二：中国传统战略思想的特点及思考

（一）中国传统战略思想的特点 // 179

（二）中国传统战略思想的缺失 // 195

（三）关于批判继承中国传统战略思想的思考 // 197

前　言

《三十六计》或称《三十六策》，语源于南北朝，成书于明清，是根据中国古代军事思想和丰富的战争经验总结而成的兵书。因其语言生动形象，通俗易懂，被人们誉为"平民兵法"。该书内容源于军事斗争，其影响范围却早已超越了军事领域，被广泛运用在政治较量、外交斗争、体育竞赛、商场博弈、职场竞争等领域之中，对后世有着深远的影响。

（一）《三十六计》的形成和影响

有不少人常常把《三十六计》与《孙子兵法》混为一谈，甚至张冠李戴。例如，《孙子兵法与三十六计》36集连续剧、图书《孙子兵法三十六计全集》《孙子兵法36计》等，让人们误以为《孙子兵法》就是《三十六计》，或者《孙子兵法》中包含三十六计。应当肯定的是，二者都是兵书，而且影响都很大，但二者之间的差异也很大，仅从问世时间上来看，《三十六计》与《孙子兵法》相比，可谓是相差上千年的"后孙晚辈"。

《孙子兵法》成书于春秋末期，距今已有2500多年。"三十六计"一词最早见于我国南北朝时期。《南齐书·王敬则传》中记载："檀公三十六策，走是上计。"其中，"檀公"指的是南朝宋名将檀道济。有些人据此认定，应当在南北朝时期就已经形成一部类似《三十六计》的兵书，作者就是檀道济。但是仔细阅读《三十六计》后就会发现，书中既引用了唐朝诗人杜甫的诗句，又运用了南宋时期的战例，还提及了元曲中的故事，因而南北朝成书的说法不攻自破。

那么《三十六计》究竟产生于何时、何人之手？由于历史上没有明确记载，学者们只能根据《三十六计》的内容做一些推断。南北朝时期确实出现了"三十六计""三十六策"之类的词，但当时所谓的"三十六"只是一个概略数，犹如"三""九"之类的数字，仅仅形容计策之多，并非确指有36条计策，更不意味着当时就有了《三十六计》这本兵书。鉴于书中引用了宋元明时期的一些民间故事、典型战例和诗词戏曲，所以学者们大多认为，虽然《三十六计》中的某些计策自南北朝之后就已陆续产生并在社会上口耳相传，但是真正形成完整体系的《三十六计》，极有可能在明末清初之际，甚至更晚一些。

《三十六计》成书之后并没有被大量刻版印制，而是作为秘本兵法一直深藏在某家的书斋里，一直到1943年，一位名为"叔和"的人在成都祠堂街一个旧书摊上无意中淘到此书。当时，《三十六计》为小32开土纸印本，封面书"三十六计"，旁注小字："秘本兵法"，但未见作者或编者姓名。篇首有一简短说明，说原书是手抄本，于民国30年（1941年）在陕西邠县发现，抄本"前部都系养生之谈，而末尾数十篇，附抄三十六计，然后知其果为兵法也。"这个孤本后经无谷（姚炜）先生译注，1979年公开出版，并开始广为流传，现今市面上流行的《三十六计》出版物皆源于此。

随着东西方文化交流日益加深，《三十六计》也走出了国门，引起国外军界、政界、商界的关注。特别是近几十年来，日本和韩国出版了不少讲《三十六计》的书。日本称《三十六计》是"运筹帷幄的诀窍",可以广泛运用于社会生活的各个方面,特别是市场竞争、企业经营之中。瑞士、德国、美国、法国等西方国家也先后翻译这本小册子,把它当作"认识中国的军事、政治思维和行为方式的有用工具"。这在一定程度上反映了国外对《三十六计》的青睐。

(二)《三十六计》基本特点

《三十六计》流传于世仅仅八十多年,为什么就能够和《孙子兵法》一样广受欢迎呢?简单地说,主要原因就在于其有三大特点:一是充满智慧,全书充满谋略智慧的色彩。二是非常系统,六六三十六计,涵盖了作战层面各具特色的巧妙计谋。三是篇幅短小,通俗易懂,尤其是容易操作。通过与《孙子兵法》对比,这些特点更为明显。

首先,这两本兵书的作者身份相差很大。《孙子兵法》的作者孙武,出身于齐国军事世家,祖辈为齐国将军,对其军事思想的形成有直接的影响。而且孙武饱经春秋争霸战争的战火洗礼,对战争的残酷性、暴烈性、不确定性有深刻的体验。尤其是在孙武被吴王拜为将军后,他带兵打仗,驰骋疆场,有丰富的战争经验和理性思考。可以说,孙武是一位职业军人。因此,他在研究战争、探索战争规律、总结谋略艺术方面,更为深刻和精准。

《三十六计》的作者,至今无法确定。人们只能从书中的写作风格、涉及的史料等角度推测。不少专家认为,作者很可能是一位喜好历史、文学、军事的老夫子。他借用流传千年的"三十六计"之说,收集杂取了民间流传的一些用兵计谋、成语典故、诗词戏曲等,再加上自己创造的一些计谋名称,按胜战、敌战、攻战、混战、并战、败战六种不同作战状态，编写出三十六条计策，称为《三十六计》。后来，有人在发现这本书之后，为便于阅读，又根据自己的理解加上按语，从军事角度增加了一些古代经典战争案例予以诠释，于是便形成了今天我们所见到的《三十六计》。这种写作方法融通俗性、趣味性、实用性于一体，深受民间喜爱。

其次，两本兵书的思想内容层次相差较大。孙武撰写兵法十三篇的目的很明确，那就是帮助吴王阖闾出谋划策，在诸侯争霸中赢得天下。给君王出谋划策，自然要宏观分析天下大势，综合比较各方竞争对手的实力，系统评估吴国自身的综合实力，然后才能有针对性提出谋略计策。这就决定了《孙子兵法》中主要讲的是战略决策、全局筹划、统军作战、宏观管理等方面的谋略，可谓大谋略、大思路。用今天的话来说，《孙子兵法》是一部战略学专著。总之，《孙子兵法》主要从战略高度讲指导战争的基本原则，深刻揭示了战争的基本规律，具有很强的哲理性。

相比之下，《三十六计》涉及的谋略更多地偏重于战术层面，主要讲的是操作性谋略。例如，借刀杀人、隔岸观火、上屋抽梯、树上开花等，这些谋略都需要根据具体情况才能灵活运用，一事一计，可以说《三十六计》是专讲诡道的兵书。其好处是生动形象，易读易记，便于操作。如果用现在专家学者们研究国学的思路来区分，《孙子兵法》的主体内容更多偏重于"用兵之道"的分析，《三十六计》则更多偏重于"用兵之术"的表述。值得肯定的是，《三十六计》对作战层面计谋的概括和表述是系统的，有其独到之处。

《三十六计》中的六套计谋，大致分别针对六种战场态势提出若干具体谋略,以每一套的计名概括地反映其适应的战场态势。"胜战计",重点在"胜"字上,即具有优势兵力,具备取胜条件情况下的计谋。"敌战计"中的"敌"字,有对抗或势均力敌的意思,主要涉及的是双方实力相当、状态均衡情况之下的计谋。"攻战计",顾名思义,讲的就是主动进攻情况下的计谋。"混战计",意思也很明显,讲的是战场局势混乱情况下的计谋。"并战计"的"并"字,有兼并、合并、联合之意,讲的是兼并战或联合作战情况下的计谋。"败战计",不言而喻,揭示的是在战败或处于劣势情况下的计谋。

再次,从篇幅和语言上来看,《三十六计》比《孙子兵法》更为简短,而且更为通俗易懂。《三十六计》是一本非常薄的小册子,全书由总论和六套计谋组成。总论实际上是一段简短的引言,指出三十六计的基本思路是根据客观情况变化总结而来,要灵活设谋和用谋,不可生搬硬套和预先凭空安排。每套计谋各有六计,共六六三十六计,每计有一小段精炼的正文,说明其基本含义。每计的文字中大多是先按作者自己的理解说明一计的基本思想,接着引用《易经》的言论印证自己的观点。每计后都有一段按语,结合历史故事进一步解释该计谋的含义。

不少人认为《三十六计》过于通俗,过于平民化,不可与《孙子兵法》相提并论,上不了大雅之堂。如果深入研读《三十六计》不难发现,这种认识颇为片面。《孙子兵法》是孙武在春秋百家争鸣时期相对宽松的社会环境中写出来的,可以直抒胸臆。《三十六计》则很可能是亡明的义士在清初政治高压下撰写的。广东佛山祖庙中有一座规模宏大的木雕群,展现的是某一城门前商贩云集、人头攒动的集市场景,以颂扬大清盛世。当讲解员提示游客,蹲下身子,由下往上看城楼门匾时,才能看到门匾上写的是"大明河山"四个大字。由此可以推想，《三十六计》的作者出于反清复明的目的而写作这本书，但是为了躲避查禁，也为了便于老百姓阅读和理解兵法，不得不用通俗而又隐讳的语言来阐释兵法原理。但是，语俗理不俗，文约而意丰。

《三十六计》每一计的计名，都高度概括各计所含内容，非常精炼，对每一计的核心原理都有深刻而准确的解析，90%以上的语句直接或间接地出自《易经》中的卦名、卦爻辞。例如，第一计"瞒天过海"中的"太阳，太阴"，出自《易经》水火既济卦，说明水在天上，太阳被压入水底，达到瞒天过海的目的。

《周易》是中国传统思想文化中自然哲学与人文实践的理论根源，被誉为"大道之源"，也可以说是"兵学之源"，《孙子兵法》不少谋略思想也源于《周易》。《三十六计》每一谋略均以《周易》为依据，使通俗的文字中包含了深刻的哲学底蕴，给人以更多理解和想象的空间。每一计中所列举的经典战例，又将人们从哲学思维层次引入战争实践层面。理论与实践相结合，通俗与睿智相辉映，这或许便是《三十六计》在民间深受喜爱、广为流传的原因之所在。

（三）《三十六计》不是厚黑学教本

《三十六计》难以登上大雅之堂，另一个原因，恐怕就在于人们的习惯思维。一说到"计"或"谋"，有些人就容易联想到阴谋诡计之类损人利己的"诡计""邪招"。尤其是"借刀杀人""趁火打劫""笑里藏刀""混水摸鱼""偷梁换柱""美人计"等计名，更容易让人们将之视为"厚黑学"。中国人自古以来讲究诚信为美，无论政界、军界、商界、学界，都要求以诚信为本。我曾经在课堂上对企业家们讲过四句话："诚信是企业立身之本，商机之根，安全之基，管理之要。"这绝不是编顺口溜，而是现代企业生存发展的关键所在。那么，为什么还要重新解读这本书，甚至讲这方面的课？原因有二：

一方面，金无足赤，人无完人。任何一部古代经典都不可能完美无瑕，就连有"兵学圣经"之誉的《孙子兵法》也难免有时代的局限性，何况《三十六计》。但是，我们学习古代经典不是生吞活剥，而是取其精华，去其糟粕。《三十六计》为了博人眼球，迎合大众的口味，大多数计名过于通俗，甚至有些阴暗色彩。但是，透过其字面意思深入分析其真正内涵，尤其是借助《易经》的解语从若干角度品味其实质，就会发现作者不过是借助通俗形式引人注意而已，其思想内涵还是有许多可取之处，可以灵活运用到现实斗争或竞争之中。

另一方面，现实社会各领域的竞争也充满波谲云诡，更不乏奸诈小人，我们既要讲诚信，又要有防奸防诈的能力，或者说要有识破阴谋诡计的慧眼。可谓"害人之心不可有，防人之心不可无"。从这个角度上来说，学点《三十六计》是无可厚非的。

一

运筹"胜战计",谋求制胜有利态势

[篇题解析]

"胜战计"是具备取胜条件的计谋。与《孙子兵法》中"胜兵先胜而后求战"的意思大体一致,强调的是战前先有胜利的条件,先有胜利的方案,先有胜利的信心,先有胜利的把握,胜算者多,才能必胜无疑。正如张预注《孙子》时指出:"古者兴师……筹策深远,则其计所得者多。故未战而先胜。"此计是在我强敌弱的条件下施展的计谋。然而,胜战的有利条件并非先天形成,更多的是靠人们战前积极准备,尤其是战场较量过程中主动创造。而创造有利的条件,谋求必胜的态势,绝非一蹴而就,必须多方面用计用谋,优化己方的态势、搞乱对方的态势,方能我强而彼弱。

商战同兵战一样,不能靠侥幸取胜,不能打无准备之仗、无把握之仗。对市场需求变化、产供销环节、对手经营思路,都必须"运筹于帷幄之中",才能有必胜的信心、必胜的把握,也才能"决胜于千里之外"。

第一计　瞒天过海

【原文】

备周则意怠,常见则不疑。阴在阳之内,不在阳之对。太阳,太阴。①

[按语]阴谋作为,不能于背时秘处行之。夜半行窃,僻巷杀人,愚俗之行,非谋士之所为也。

昔孔融被围,太史慈将突围求救。乃带鞭弯弓将两骑自从,各作一的持之。开门出,围内外观者并骇。慈竟引马至城下堑内,植所持的射之,射毕还。明日复然,围下人或起或卧。如是者再,乃无复起者。慈遂严行蓐食,鞭马直突其围。比敌觉,则驰去数里矣。

【注释】

①太阳,太阴:《易》"四象"中的两象,另两象为少阳,少阴。《春秋繁露·官制象天》认为,春为少阳,夏为太阳,秋为少阴,冬为太阴。太阳、太阴,亦可称为老阳、老阴。《灵棋经后序》说:"少即少阴、少阳,为耦,老阴与太阳为敌。""或失其道,而耦反为仇;或得其行,而敌反为用。"意为太阳与太阴二者是对立的,又是统一的,彼此相反相成。

【译文】

自以为戒备完善的人,就容易因轻敌而疏于防范。凡对平时见惯的现象,更是不易产生疑惑。秘计总是隐藏于公开的事物里,而不是和公开的事物相对立。往往在看似平凡的假象中,蕴藏着极大的玄机。

[按语]运筹设谋,既不能不合时宜,也不能在无人地域施用。例如,夜间盗窃,或在僻巷暗杀,都是愚昧的庸俗行为,绝不是谋略者所应有之举。

三国时,孔融被敌军所围困,太史慈设计突围求援。他持鞭带弓,只率领两个持靶的骑士,开门出城。城内士兵与城外敌兵都大吃一惊，太史慈却牵马进入堑壕里边，竖起靶子，练习射箭，射后又返回城里。第二天，太史慈又同样地外出练射，围城敌兵有的站立观看，有的却躺卧不动。第三天、第四天，太史慈还是照旧出城，这时已经没有一个敌兵再注意他们了。太史慈见时机成熟，便吃饱喝足，整好行装，然后突然跨马，用力鞭策，直冲敌阵。当敌军发觉时，他已经驰去很远了。

【精要新解】

从此计的主旨提示和案例诠释来看，"瞒天过海"就是指有意制造假象，隐瞒真实意图，在人们往往认为不可能的情况下，瞒过了"天"，达到"过海"的目的。此计出自唐代典故。《永乐大典·五十六·薛仁贵征辽事略》记载：贞观十七年，唐太宗御驾亲征，统率30万大军欲取高句丽。及至海边，只见大海茫茫，漫无边际。远望高句丽，海茫无穷。30万大军如何渡过这汪洋大海？唐太宗心中顿生悔意，乃召集百官询问对策。众人皆面面相觑，无言以对。大将张士贵回到营寨，找来帐下谋客薛仁贵讨教主意。

薛仁贵略一思忖，计上心来，回答说："皇上不过是担心大海阻隔，难征高句丽。我用一计，保管叫它千里海水来日踪迹全无，让皇上和士兵安稳过海，如履平地。"

几天之后，当太宗再问有无渡海之计时，张士贵奏曰："有一豪民，近居海上，特来见驾，言三十万担过海军粮由他一家全部承担。"太宗一听大喜，传老富豪进见。

薛仁贵乔装一番，俨然一位鹤发童颜、气度非凡的老者。太宗见后很是高兴，问及海情，对答如流。老者最后恭请太宗到他家饮宴并视察军粮，李世民欣然应允。

次日，太宗及文武百官前往海边，却不见大海的足迹，但见昔日的海边冒出一大片房屋，而且都用彩幕围着。老者将唐太宗请入一间大厅，厅内四壁挂着华丽的帷幕，地上铺着名贵的地毯，珠光宝气，甚是豪华。太宗及随从席地而坐，心情愉快地品尝着美酒佳肴，欣赏着美女优雅的舞姿。

一连数日，太宗及文武百官好不高兴。一天，太宗正在畅饮，忽觉天摇地动，狂风呼啸，涛声如雷，桌上杯盏东倒西歪。太宗急忙让侍臣揭开彩幕观看，只见外面浪飞波涌，茫茫无际。太宗大惊，忙问："身在何处？"

张士贵立即跪倒在地，回答说："此乃臣过海之计，得一风势，三十万军乘船过海，快到东岸了。"

这时，太宗才发现彩幕围着的并不是房屋，而是大小船只并连而成的大平台，全部军马均在船上。事已至此，唐太宗只好坚定攻打高句丽的决心，号令三军做好登陆作战的准备。

《三十六计》的作者注意到，薛仁贵的计谋之所以成功，关键在于一个"瞒"字。瞒过天子，渡过大海。由此，他总结出瞒天过海之计，用以说明战场上经常采用的一种计谋，即"备周则意怠，常见则不疑。阴在阳之内，不在阳之对。太阳，太阴。"意思是说，自以为戒备完善的人，就容易因轻敌而疏于防范。而对平时见惯的现象，更是不容易产生疑惑。秘密的计谋通常总是隐藏于暴露的事物之中，而不是和公开的事物相对立。往往在看似平凡的假象中，蕴藏着极大的玄机。

为使隐秘之事能够成功，并不是一定要在秘密的时间和隐蔽的地点施行计划，也可以在所创造的最公开的场合，来实现最隐秘的目标。设谋定计的智谋高手是断不会干那种在深更半夜偷窃、在偏僻窄巷里杀人的勾当的，那是愚蠢之徒的作为。

"瞒天过海"就是利用示之于众的假象掩盖真实的目的。"太阳"里可以蕴藏着"太阴",愈是公开的行动,愈容易蕴含隐秘的内容,在最公开的行动中,恰恰能够达到最隐蔽的目的。由此可见,这是一种隐真示假的策略。在军事上,它主要用于战役伪装,以隐蔽兵力集结、发动进攻的时间等,达到出其不意、攻其不备、克敌制胜的目的。战争史上,本来有优势的一方,因疏忽和丧失警惕,让敌人"瞒天过海"之计得逞而酿成巨大灾难的例子,不胜枚举。

东汉末年,孔融在北海郡(今山东昌乐西)被敌人包围,太史慈准备突围求救。为了瞒过敌人,突围的前几天,太史慈每天带着马鞭和弓箭,让两名士兵各扛一箭靶开城门出来练习射箭,然后返回城里。开始敌人惊骇,可每天都如此,敌人就不当回事了,睡在营地不起来。太史慈看到时机已成熟,一天出城后,他突然催马加鞭,突破敌人包围圈,待敌人明白过来,他已跑出老远了。

1944年,美英盟军诺曼底登陆战役发起前的一系列战略欺骗措施,可谓现代版的"瞒天过海"。

这次战役的目的是横渡拉芒什海峡,在法国西北沿岸(诺曼底)夺取战略性登陆场,然后向德国西部国界发动进攻。盟国为夺取这一战略性登陆场和实施尔后的进攻,在不列颠群岛上集结了39个师,12个独立旅和10个英军突击队、别动队(英、美的登陆破坏部队)以及大量的空军兵力和海军兵力。被抽调参加诺曼底战役的盟国远征军有第21集团军群共32个师,12个独立旅,空军(1.1万架作战飞机),海军(6939艘战斗舰艇、运输舰船和登陆舰船)。参与登陆战役兵力总数为287.6万人,其中美军153.3万人。不难想象,如此大规模的登陆作战要想达成战略突袭，何等困难。然而，以美国为首的多国盟军集团在这里创造了人类战争史上的奇迹，成功达成了登陆作战的战略目的。在众多成功因素中，诺曼底登陆的成功主要得益于三个神秘计划的实施，有效地瞒过了德军。

为了干扰德军对盟军主要登陆地点的判断，盟军推出了第一个欺骗行动：美军在英格兰东南部地区，虚构了番号为美国第 1 集团军群的部队。此外，盟军还特意组织 300 多名报务员伪装成集团军、军、师、团、营之间的无线电通信员，严格按照同级别单位的日常通信量进行联络，并在多佛尔设立假司令部，使用大功率电台与各下属部队联系。同时，为了让德军更加相信这个假集团军群的存在，他们甚至让真正的登陆部队，也就是第 21 集团军群司令部的部分命令也先通过电话传递到多佛尔的假司令部，再由假司令部的电台发送出去。德军的无线电侦听、定位部队测出了盟军的这些无线电通信，从中判断出盟军登陆的主攻方向是法国北部加莱。

盟军第二个欺骗行动就是打造一个假蒙哥马利。当时在英国皇家军饷团里有个中尉军官叫克利夫顿·詹姆斯，长相酷似蒙哥马利，完全可以以假乱真。负责盟军实施庞大战略欺骗计划具体工作的里德将军心生一计：让詹姆斯假扮蒙哥马利，频繁出现在意大利和非洲的战场上，使德军相信，蒙哥马利不在英国，这样可以牵制德国驻在卢瓦尔河以南的 4 个装甲师。这个计划获得批准后立刻秘密实施。"蒙哥马利"的出现自然逃不过德国间谍的眼睛，于是，有关"蒙哥马利"的消息迅速传回了德国。这就使希特勒更加确信蒙哥马利没在英国，而是在遥远的非洲，这个错误的判断为他的兵力部署带来了致命的错误。

盟军第三个欺骗行动是在发起诺曼底登陆战役前，在圣玛丽埃格利兹进行伞兵空降。为了掩护这次军事行动，盟军在空降地域之两翼，先后投下几批假伞兵。他们在接近地面时发出与真实战斗相同的音响，诱使德军包围伞降地区。德军连续扑空后，便麻痹大意起来。盟军趁机实施真的空降，德军以为还是假伞兵，没有迅速做出反应，使盟军空降部队毫不费力地站稳了脚跟。

正是由于盟军战前成功组织了一系列战略欺骗行为，使德军统帅部在很长时间里对盟军登陆地点、时间都作出了错误判断，甚至在盟军诺曼底登陆后仍认为这是盟军牵制性的佯攻，导致德军在西线的大部分兵力、兵器被浪费在加莱地区，在诺曼底的德军则因兵力单薄无法抵御盟军的登陆。盟军成功达成登陆作战突然性的同时，还保证了战役取得巨大胜利。

综合古今中外的战争战例可以看出，"瞒天过海"之计关键在一个"瞒"字。"瞒"并不等于消极地隐瞒、躲藏，而是用积极的办法"巧瞒"。薛仁贵用的是转移注意力法，太史慈用的是高频率重复法，英法军用的是以假乱真法。

与此同时，辅以高调宣示法、暗度陈仓法，等等。

第二计　围魏救赵

【原文】

共敌不如分敌①，敌阳不如敌阴。②

[按语] 治兵如治水：锐者避其锋，如导流；弱者塞其虚，如筑堰。故当齐救赵时，孙子谓田忌曰："夫解杂乱纷纠者不控拳；救斗者不搏击。批亢捣虚，形格势禁，则自为解耳。"

【注释】

①共：集中。共敌：使敌人集中兵力。分敌：使敌人兵力分散。

②先发制人为阳，后发制人为阴。《武经七书直解·李卫公问对直解·卷中》："后则用阴，先则用阳，是兵以先为阳，后为阴也。"

【译文】

攻打集中的强敌，不如加以牵制，迫其分散；与其先兵出击，不如待机破敌、后发制人。

[按语] 对敌作战好像治水：对凶猛的强敌，必先避开它的冲击，采取疏导引流的方法，待其力量分散后再打；对待弱小之敌，采取筑堤堵流的方法，必须抓住弱点一举围歼。所以当齐国救援赵国时，孙子对田忌说："若要解开乱丝结绳，不能强拉硬扯；同样，调解决斗的，也不能动手参与。只要乘虚而入，攻其要害，使敌方受到最大威胁，便可轻而易举地击败敌人。"

【精要新解】

"围魏救赵"作为用兵谋略，要点有两个：一是"分敌"，将敌人集中的兵力分散，以便我集中优势兵力，各个击破；二是"敌阴"，即击虚，对于强大的敌人，不要正面硬拼，而要寻找或者"制造"出敌人的弱点，乘虚而击，取得胜利。这就如同治水，对暴发的洪水，要避开它的强盛势头，采取疏导水流的办法；而对弱小的水流，则可直接筑堤堵截。围魏救赵之战典型地反映了这一思想。

据《史记·孙子吴起列传》记载，公元前354年，魏国大将庞涓率兵进攻赵国,包围了赵都邯郸,赵王急难中只好求救于齐国。齐威王应允,并于第二年派出一支8万人的队伍,由田忌为将,孙膑为军师,前去救援赵国。田忌与孙膑率兵进入魏赵交界之地时,田忌想直逼赵国邯郸,孙膑制止说:"若要解开一个绳结,不能用蛮力强拉硬扯。要分开决斗的冤家,不能自己也卷进去。要解除重围,最好的办法就是避开敌军人多势众的地方,攻击其防御空虚的地方。魏国主力部队在攻打赵国,国内已无重兵防守,因而我们应攻打魏国都城大梁(今河南开封)。这样,魏军就会停止对邯郸的包围,立刻返回救援本土。我们再于中途伏击庞涓归路,其军必败。"

田忌采纳了孙膑的建议,率军直扑大梁。果然,攻赵的魏军得知消息,急忙从赵国退兵,全速赶回魏国。此时,齐军迅速从魏国撤出,在魏军回国的必经之地桂陵布下埋伏。当庞涓带领疲惫不堪的魏军进至桂陵时,遭到齐军的伏击。齐军以逸待劳,以饱待饥,出其不意,攻其不备,先占有利地形,因而轻易击败魏军,活捉庞涓。此战,齐军一举两得,既解了赵国之围,又击败了魏军。

毛泽东十分推崇"围魏救赵"这一战法,他在《抗日游击战争的战略问题》一文中指出,在我处内线作战,敌处外线作战的情况下,若我兵力优裕,可使用次要力量于外线,在那里破坏敌人交通,钳制敌之增援部队。他写道:"如果敌在根据地内久踞不去,我可以倒置地使用上述方法,即以一部留在根据地内围困该敌,而用主力进攻敌所从来之一带地方,在那里大肆活动,引致久踞之敌撤退出去打我主力;这就是'围魏救赵'的办法。"1947年,蒋介石重点进攻解放区时,刘邓大军渡过黄河,挺进中原,千里跃进大别山,从内线打到外线,把战场引向蒋管区，粉碎了蒋介石对我解放区的"重点进攻"，一举扭转了整个战争的形势。这是"围魏救赵"战法运用于中国革命战争的光辉范例。

第二次世界大战期间，欧洲战场曾经也上演了围魏救赵的一幕。在诺曼底登陆作战前夕，盟军中出现两种不同的意见。一种意见以艾森豪威尔为代表，主张用重型轰炸机攻击德国在法国北部和比利时的运输系统，以孤立登陆地区，并认为这是登陆成功的最佳保证。另一种意见以史巴兹为首，主张放弃正面进攻，派出空袭分队直接攻击德国本土，轰炸德军石油运输线和炼油设施，迫敌空军回防。石油是机械化战争的血液，飞机、坦克没有燃料就成了废铁。艾森豪威尔决定给史巴兹一个机会，让他先试试看。结果，史巴兹仅派美军第八航空队轰炸了德国境内的石油设施，就使德国空军高层慌了神，德空军高层很快指示，集结德空军力量，誓死保卫本土，并迫使大批德国飞机留在了德国本土。后来盟军在诺曼底登陆作战时，德国空军已成了一个无足轻重的因素。盟军未经苦战逼退了德国空军，掌握了英吉利海峡的制空权，既保护了战略后方，也为日后反攻创造了有利条件。史巴兹的思维方式与中国古代军事家孙膑不谋而合，此战堪称第二次世界大战中的"围魏救赵"。

从上述案例可以清楚地看出，"围魏救赵"的实质是避实就虚。为了让敌人暴露出弱点，以便乘虚击之，需要用计谋先行"分敌"。使得"我专而敌分"，"我专为一，敌分为十，是以十攻其一"。这种谋略用在商战上就是：如果我方实力强大，则可"以大吃小"，围攻市场；若实力相差悬殊，则"避实就虚"，退出或转移阵地。靠鲁莽硬拼是不能取胜的，"东方不亮西方亮，黑了南方有北方"。

孙膑是孙武的后世子孙，他的不少思想来自《孙子兵法》。"围魏救赵"的思想实质，其实也就是孙子所说的"避实击虚"。无论兵力大小、强弱，避实击虚是用兵作战的永恒法则。不独用兵如此，体育竞赛、商业投资、市场竞争等，也是如此。经验丰富的谈判者在谈判中会避免对自己真正关心的问题进行强攻，而是指左趋右，旁敲侧击，绕道迂回前进，使对方顾此失彼，首尾不能相顾，最终不得不妥协。谈判者正是巧妙地运用了"围魏救赵"之计，使谈判一举成功，达到了预期的目的。

"围魏救赵"用于现代商场竞争中，可以理解为避免与对方正面冲突，无论是产品研发，还是市场销售，尽量避实击虚，或者转移对方的主攻方向，即所谓"敌阴"和"分敌"。这就需要企业家拥有过人的眼光和超群的才智，善于捕捉对方的弱点、痛点、难点、关注点，诱之以利，迫使其过度消耗，或者不得不转移视线，从而创造出对我有利的态势和机会，突发制人。

第三计　借刀杀人

【原文】

敌已明，友未定，引友杀敌，不自出力，以《损》推演。

［按语］敌象已露，而另一势力更张，将有所为，应借此力以毁敌人。如子贡之存鲁、敌齐、破吴、强晋。

【译文】

敌方动向已经判明，而盟军的态度却不稳定，要诱导盟军参战向敌攻击，以求避免己方实力遭受过早的消耗。此乃根据《损》卦"损下益上"的逻辑推理演算。

[按语]敌方的征象已经显露，而另一股势力也正在不断发展，并且还将起重大作用，应立即借用这股势力去击败敌人。像古代子贡为保卫鲁国，而搅乱齐国、破坏吴国以及增强晋国所运用的策略一样。

【精要新解】

"借刀杀人"四个字，乍一看，让人毛骨悚然。事实上，这一成语最初的确来自历史上一个阴险的计谋。明代戏剧《三祝记》以艺术形式表现了这一计谋：宋仁宗年间，相国吕夷简、谏议夏竦、御史韩渎等三人结党营私，视主张改革的范仲淹为生死仇敌，密谋将他除掉。韩渎说："要杀范仲淹并不难，难的是廷臣不服。"夏竦说："小官我筹划这个计谋已经很久了。现在赵元昊谋反，势甚猖獗，朝廷欲选将兴师。相国明日可表奏仲淹为环庆路经略招讨使，派他去平息元昊叛乱，借元昊之手杀掉他。这就是所谓借刀杀人，又显得相国以德报怨，此计何如？"此后，借刀杀人便作为一个计名流传开来。

《三十六计》中第三计的解语具体解释了此计的含义，即："敌已明，友未定，引友杀敌，不自出力。"不言而喻，这个成语的基本意思是用来比喻自己不出面，借助别人的力量去达到自己的目的。其重心是"借"，而不是"杀"。因为，所借之力既可以用来征服对方，也可以用来发展自己，还可以用来化解矛盾，等等。至于所借之"刀"，并非真刀真枪，而是代指第三方的力量、别人的矛盾，或者别人的地盘等。按语中提到的子贡游说诸侯的故事就是借助他人之力、借助矛盾的典型例子。

春秋末期，齐简公派大将田书兴兵伐鲁。鲁国实力不敌齐国，形势危急。孔子的弟子子贡认为，唯有吴国才可以与齐国相抗衡。于是，子贡游说正在蓄谋篡位的齐相田常，以"忧在外者攻其弱，忧在内者攻其强"的道理击中田常的要害，让他命令齐军改道攻打吴国。然后，他又赶到吴国，对吴王夫差说："如果齐国攻下鲁国，势力强大，必将伐吴。大王不如先下手为强，联合鲁国攻打齐，成就霸业。"随后，子贡马不停蹄，又说服赵国派兵随吴伐齐，解决了吴王的后顾之忧。同时，他又想到吴国伐齐之后，定会要挟鲁国，鲁国不能真正解决危机。于是他偷偷跑到当时实力也相当强大的晋国，提醒晋定公说："吴国伐齐成功，必定转而攻晋，争霸中原。因此，晋国必须加紧备战，以防吴国进犯。"果然，公元前484年，吴王夫差亲率10万吴国精兵攻打齐国，鲁国也派兵助战，打败齐国。夫差获胜之后，骄狂自傲，立即移师攻打晋国，可是晋国早已有准备，击退了吴军。子贡充分利用齐、吴、越、晋四国的矛盾，巧妙周旋，借吴国之"刀"，击败齐国；借晋国之"刀"，灭了吴国的威风。鲁国损失微小，却能从危难中得以解脱。

现代战争中，也有很多"借刀杀人"的例子。美国擅长的"代理人战争"便是"借刀杀人"的现实应用。其中，发生在2011年的利比亚战争，就是一个非常典型的案例。利比亚石油资源丰富，战略位置重要，长期为西方国家所重视。但利比亚前领导人卡扎菲十分强硬，与西方国家多有冲突。在阿富汗战争、伊拉克战争告一段落后，美国便下决心要除掉卡扎菲。然而，国际上有很多国家对美国的霸权行为十分不满，如果美国又在利比亚亲自上阵，可能引起国际社会的强烈反对。为了掩人耳目，美国人想到了借刀杀人之计。长期以来，美国在利比亚培植了一批反卡扎菲势力。在美国的帮助下，多支反政府武装建立起来。2011年2月，利比亚多个城市出现抗议活动，要求政府下台，示威者与安全部队发生冲突，反对派趁势而起，一举控制了利东部很多地区。然而，反对派武装在政府军的猛烈打击下不断败退。法国距离利比亚较近，经济联系紧密，和卡扎菲政府发生过多次冲突，法国总统正在谋求连任，急欲树立政绩。于是，美国便鼓动法国冲在最前面，3月19日，法国率先空袭利比亚。接着，美国又策动英国和其他国家参战，美军则提供支援。利比亚反政府武装趁势反击，10月20日，卡扎菲兵败被杀，战争结束。美国借助利比亚内部势力和法国等国家的力量，顺利除掉卡扎菲。此举可谓典型的"借刀杀人"之计。

从古今中外的战争战例中可以看出，运用"借刀杀人"之计，关键有两点。一是巧妙借力。抓住敌人内部或盟友与敌人之间的矛盾，挑动斗争。子贡就是抓住了诸侯之间的矛盾，才能够借力打力，各个击破。二是以利动人。"借"的方法多种多样，但任何一种方法都不可能无本获利，往往要给对方一些利益，这样才有可能"引友杀敌"。

从本质上来说，借刀杀人之计本身并无好恶之分，人们可以从多方面运用它，但其客观效果却主要取决于使用者的秉性和动机。诚商用之，可以借合作伙伴或竞争对手之力共同兴盛；奸商用之，则可能置合作伙伴或竞争对手于死地。因此，经营者不仅要善意地运用"借刀杀人"之计，借力发展，更要注意提高识别能力，防止不法奸商恶意地"借刀杀人"诡计。我国经济体制由计划经济转入市场经济时间不长，经济法规尚不完善，一些经营者尚未养成按牌理出牌的习惯，而且某些外商也利用我们市场不规范、法规不完备、经验不丰富等弱点，在经营活动中大行"借刀杀人"之计。因而，靠借名、借势、借权等办法谋一己之私、害他人之利的案例屡屡发生。对此，我们务必要保持高度警惕。

第四计　以逸待劳

【原文】

困敌之势，不以战，损刚益柔。

[按语] 此即致敌之法也。兵书云："凡先处战地而待敌者佚，后处战地而趋战者劳。故善战者，致人而不致于人。"兵书论敌，此为论势。则其旨非择地以待敌，而在以简驭繁，以不变应变，以小变应大变，以不动应动，以小动应大动，以枢应环也。如管仲寓军令于内政，实而备之；孙膑于马陵道伏击庞涓；李牧守雁门，久而不战，而实备之，战而大破匈奴。

【译文】

控制敌人的发展态势，不一定要首先发起进攻，而应实行积极防御，待敌方精疲力竭、声势锐减、攻防双方实力发生逆转时，我方就由被动变为主动。

[按语] 这是把敌人诱入圈套而造成其不利态势的方法。《孙子兵法·虚实篇》中言：先到战场而待机破敌的，便能从容取胜；而后来仓卒应战的，就会陷入苦战。所以凡是善战的人，总能够掌握战争主动权，而绝不会被敌方牵着鼻子走。《孙子兵法》中论述的是战争中的劳逸关系，这里探讨的却是掌握战争主动权的艺术。其目的不仅仅在于选择地形、待机破敌，重点在于以寡敌众，以不变应万变，以小变应大变，以静止对活动，以微动对大动，也就是取得主动权，才能支配四周局势的变化。

运用此计的成功案例有：管仲寓军令于内政，实而备之；孙膑于马陵道伏击庞涓；李牧守雁门，久而不战，而实备之，战而大破匈奴。

【精要新解】

在田径赛场上，长跑比赛中经常见到这样的现象，那就是头一两圈跑在前面的人往往不是最后的胜利者，而胜利者往往是开始几圈跑在第二或第三名的人。为什么会出现这种现象呢？这其中就有一个"逸"和"劳"的问题。一开始就用尽力量奔跑的人，既大量消耗了自己的体力，又为别人挡住了风的阻力。相对来说，跑在第二或第三名的人，既适当保存了体力，又少受了点阻力，自然就后来者居上了。这就是人们常说的"以逸待劳"的道理。

"以逸待劳"也可写成"以佚待劳"。古代"佚"与"逸"相通，都表示安闲的意思。这一成语的基本含义是指，安居不动以等待对方疲劳。用作军事计谋则是强调作战时采取守势，养精蓄锐，待敌人疲劳之后，乘机出击以取胜。孙子最早提出这一思想。他在《孙子兵法·军争篇》中指出："以近待远，以佚待劳，以饱待饥，此治力者也。"意思是说，使自己部队处于接近战场的态势以对付远道而来的敌人，使自己部队处于安逸休整的状态以对付疲劳奔走的敌人，使自己部队处于饱食状态以对付饥饿的敌人，这是掌握军队战斗力的办法。

《三十六计》的作者继承了这一思想，并且概括得更为简练。第四计的解语说道："困敌之势，不以战，损刚益柔。"这里的"困敌"，是指使敌人处于困难的局势之中；"不以战"，则是指不一定要采取直接进攻的手段。那么，采取什么手段呢？最好的办法是"损刚益柔"，即根据刚柔相互转化的原理，不断疲惫削弱敌人，使它由强变弱，我方则自然由劣势转化为优势。战国末年，秦国将领王翦灭亡楚国的作战可以说为这一成语做了很好的注解。

战国末期，秦国少年将军李信率20万军队攻打楚国。开始时，秦军连克数城，锐不可当。不久，李信中了楚将项燕的伏兵之计，丢盔弃甲，狼狈而逃，秦军损失数万。后来，秦王又起用已告老还乡的王翦。王翦率领60万军队，陈兵于楚国边境。楚军立即发重兵抗敌，老将王翦却并不前进，只是专心修筑城池，摆出一副坚壁固守的姿态。两军对垒，旌旗相望。楚军急于击退秦军，几番挑战却不见成效，只好与秦军相持一年多。王翦在军中鼓励将士养精蓄锐，吃饱喝足，休养生息。秦军将士人人身强力壮，精力充沛，平时操练，技艺精进，王翦心中十分高兴。一年后，楚军绷紧的弦早已松懈，将士已无斗志，认为秦军的确防守自保，于是决定东撤。王翦见时机已到，下令追击正在撤退的楚军。秦军将士人人如猛虎下山，杀得楚军溃不成军。秦军乘胜追击，势不可挡，公元前223年，秦灭楚。

以逸待劳的军事实践不仅多见于中国古代战争中，在现代外国战争中也有比较典型的战例。1994年12月第一次车臣战争，俄军地面部队兵分西、北、东三路向车臣首府格罗兹尼进攻。车臣武装力量无论从部队规模还是武器装备上都无法与俄军抗衡，难以阻挡俄军的攻势。于是，车臣武装力量采取以逸待劳之策，放弃外围，退守城中。同时，令大批狙击手和火箭筒射手埋伏在城区楼房里，并制定了以"猎杀"和"伏击"俄军坦克、装甲车为主的作战计划。俄军装甲部队攻入城区，以为大功告捷，岂料立刻遭到来自多个方向的火箭弹攻击，跟随坦克的步兵也成为车臣狙击手的活靶子，伤亡率非常高，士气几乎崩溃。此外，车臣武装力量还切断了格罗兹尼城内俄军与外界的联系。最先进入格罗兹尼的俄军第131旅孤立无援，在苦战三天两夜后，大部分官兵阵亡，只有不到五分之一的兵力撤出战场。车臣武装力量以逸待劳防守格罗兹尼，不仅使俄军付出了惨重代价，也让俄军原本计划17天结束的战争持续了整整3个月。

从上述战例中可以看出，运用"以逸待劳"之计有两个要点。一是冷静待敌，不要急于求胜，让敌人自己消耗自己的力量。二是巧妙损敌，"待"不是消极等待，而是主动作为，在等待的同时，巧施计谋，或者诱使敌人深入不利境地，或者诱使敌人去做徒劳无功的事情。

"逸"和"劳"是一对矛盾，普遍存在于社会生活的各个方面，所以各个竞争领域的人士都有必要懂得一点"以逸待劳"的道理。特别是在企业经营领域之中，是否懂得"以逸待劳"的道理，有时可能决定着一个企业的生死和成败。

在商战中实行"以逸待劳"的要诀是，不要在追赶时髦中疲于奔命，而要善于捕捉时机，利用形势，抓住要害，巧用力量。做到以小动制大动，以小力制大力，以"四两"拨"千斤"，以小变应大变。倘若逢"俏"撵，遇"滞"逃，在追赶时髦中疲于奔命，就会被市场淘汰。日本松下电器公司，堪称谙熟以逸待劳、后发制人的战术。该公司一直把提高产品质量和降低价格作为工作的重心，从不盲目追赶时髦，而是在改进"最新技术"并延长其功能上刻意攻关。1969年，索尼公司首先研制成功小型录像机，一时成为热门货。松下公司并没有盲目仿制，而是冷静思考，进行深入调查研究，积蓄力量，伺机而动。他们发现索尼录像机只能录两个小时，不适于录制长时间的体育比赛实况，而且价格偏高。于是松下立即组织专人攻关，在吸收索尼技术经验的基础上，从技术上进行新的突破，及时推出消费者喜欢、可录像4~6小时的机种，并且价格比索尼机低15%，产品一上市就在美国大受欢迎，抢夺了索尼原先垄断的很大一部分国际市场。

相比松下集团力避盲目追赶，确保以逸待劳的做法，美国国际管理集团（IMG）创始人麦科马克，则是以消耗对手来达成"以逸待劳"的目的。他在《哈佛学不到》一书中，道出他积累财富的一个成功秘诀："设法使对方感受到犹如远道跋涉般的疲惫。"他举例说：假如你是一个采购员，到外地去采购货物，你要设法调动你的货主，使其疲于奔命。你可以以检查样品质量为由，一而再，再而三地让他拿出一件件货物让你观看，再一件件地放回原处；你还可以以落实货源为由，催他四处检查；如果你有耐心和时间，还可以佯作拿不定主意，请他如此这般再做一遍。货主为你花费了许多时间和精力，被你折腾得焦头烂额。这笔生意若做不成，便觉得十分冤枉，于是在价格等许多方面你就有利可图，货主也会做出让步，从而成功地施展你的以逸待劳之计。这显然是主动出招，有意疲劳对方，隐蔽达成自己目的的方法。

第五计　趁火打劫

【原文】

敌之害大，就势取利。刚决柔也。

［按语］敌害在内，则劫其地；敌害在外，则劫其民；内外

交害，则劫其国。如：越王乘吴国内蟹稻不遗种而谋攻之，后卒乘吴北会诸侯于黄池之际，国内空虚，因而捣之，大获全胜。

【译文】

敌方出现严重危机，就要乘机出兵夺取胜利，这正是强者对付困境之敌所采取的速战速决策略。

[按语] 敌方有内忧，便占领其土地；敌方有外患，便夺取其民众；敌方内忧外患交迫，便吞并其国家。例如，越王乘吴国国内螃蟹泛滥，吞食水稻，使稻种颗粒不存，想用计谋进一步削弱吴国，最终乘吴王北上与诸侯会盟于黄池，国内空虚之际，突然袭击，大获全胜。

【精要新解】

《三十六计》是一部平民化的兵书，每一计的名称都来自人们较为熟悉的历史典故或小说故事，其中"趁火打劫"一语就是来自《西游记》第十六回黑风山妖精夜盗袈裟的故事。

故事说的是唐僧和孙悟空来到一座名为"观音禅院"的寺院，院内年逾270岁的老和尚看上了唐僧的袈裟，徒儿们心领神会，半夜里在唐僧和孙悟空睡觉的禅房四周堆起干草，打算烧死唐僧和孙悟空，独占袈裟。可就在和尚们放火时，惊动了附近黑风洞中的一个妖精。这妖精本打算来救火，却一眼看见了金光闪闪的袈裟。"正是财动人心，他也不救火，他也不叫水，拿着那袈裟，趁哄打劫，拽回云步，径转山洞而去。"

或许是因为《三十六计》的作者觉得这一故事很能说明军事斗争中的一种常见现象，于是以此为计名，并将"趁哄打劫"改为"趁火打劫"。其基本含义是："敌之害大，就势取利。

刚决柔也。"用现在的军事术语来说，就是指当敌方出现严重危机时，要乘机出兵夺取胜利，这正是强者对付困境之敌所采取的速战速决策略。显然，这一计的关键是"趁火"，也可以理解为"趁机""趁乱""趁危"等。春秋末期，越国灭亡吴国的过程，实际上就是一个制造对方内忧外患，最终乘乱取胜的过程。

公元前494年，吴王夫差兴兵攻打越国，越军战败，退守会稽山。越王勾践被迫"卑辞厚礼"，向吴请和，并在吴国度过三年的奴仆生活，委曲求全，骗取了夫差的信任。他回国后卧薪尝胆，十年生聚，十年教训，富国强兵。同时，越王勾践采取各种计谋消耗吴国的民力、财力。例如，贡献奇花异木，让吴大兴土木，修建楼台亭榭，劳民伤财；选送美女西施，助长夫差骄奢淫逸；假装国内饥荒，向吴国借贷粮种，使其仓库空虚，来年将粮种煮熟晒干后偿还吴国，使吴国颗粒无收；主动送给吴王一些兵器和士卒，怂恿吴王北上与齐、晋等国争夺天下霸权，从而破坏其外交关系，损耗其军事实力，等等。吴王被越国这一系列措施所迷惑，以为越王真心臣服，因而放心大胆地北上中原，争夺天下霸主地位。

公元前482年，当吴王率主力大军在中原长期征战时，越王勾践乘其后方空虚之机，对吴发动进攻，接连击败留守的吴军，攻入吴都城姑苏。夫差在争夺霸主之位后，仓促回师。越王因兵力还敌不过吴军主力，便答应请和。四年之后，吴国发生饥荒，吴王遣散部分军队以减轻国库压力。勾践认为最后灭吴的条件成熟，再次向吴兴师问罪，一举大败吴军。越军直捣姑苏城下，经过长围久困，夫差绝望自杀，越国终于灭掉了吴国。

"趁火打劫"之计的本意是强调趁机、趁势、趁利、趁危。其本身只是一种思路，并无善恶之分。但是，在实际运用过程中往往被某些居心叵测的人恶意滥用，不能不防。

纵观古今中外战争史，"趁火打劫"可以有多种多样的方法，或出动大军突然袭击，或设法从敌人内部釜底抽薪，或以高压手段迫使敌人谈判。然而，无论什么办法，其要点主要有二：一是善于煽风点火，制造敌人的内忧外患，使其陷入全面混乱之中。二是善于乘势出击，抓住敌人混乱不堪、难以自持的机会，迅速采取行动，"劫取"欲得之利。

在商战中"趁火打劫"，就是要善于并敢于从时局动荡、战乱、经济危机、企业破产等危难形势中，看准并抓准超常规的谋利机会，乱中取胜。或者在如火如荼的商战中，乘对手混乱、衰败之机，谋取利益。

事物总是具有两面性。在商战中，人们既要想办法乱中取胜，同时也要提防不法奸商对自己落井下石。特别是在市场秩序出现混乱时，要倍加小心，谨防不法奸商趁火打劫。例如，以"金融界的坏孩子"著称于世的美国金融投机家索罗斯，就是1997年东南亚金融危机的始作俑者。他看中泰国的货币"铢"与美元汇率比价过高，已超出"铢"的实际价值，所以从银行大量借"铢"，然后向市场抛售，换回美元，引起"铢"的汇率狂跌。尔后，他再以低价买回"铢"还给银行，从而赚取大量美元。据报界透露，他的"量子基金会"因此在一个月内赚得20亿美元，并由此引发了遍及东南亚的金融危机。索罗斯这种做法，虽然按现行法律来讲，构不成违法，但其社会影响却是极为恶劣的，是有悖于商业道德的。

第六计　声东击西

【原文】

敌志乱萃，不虞，坤下兑上之象。利其不自主而取之。

[按语]西汉，七国反，周亚夫坚壁不战。吴兵奔壁之东南陬，亚夫使备西北；已而，吴王精兵果攻西北，遂不得入。此敌志不乱，能自主也。汉末，朱隽围黄巾于宛。张围结垒，起土山以临城内，鸣鼓攻其西南，黄巾悉众赴之；隽自将精兵五千，掩东北，遂乘城虚而入。此敌志乱萃，不虞也。然则声东击西之策，须视敌志乱否为定。乱则胜，不乱将自取败亡。险策也。

【译文】

敌军指挥混乱，已经陷入不能继续作战的危境，犹如水位暴涨、随时有溃决之险，败局已定。这时，必须利用其失去控制的时机，迅速予以消灭。

[按语]西汉景帝时，吴、楚等七国联合叛乱，汉将周亚夫却固守城中，坚不出战。当吴军向围城东南角落发起进攻时，周亚夫便下令加强西北方向的守备。不久，吴王果然派出主力进攻西北，因其有备，吴王终归失败。这是指挥者坚毅沉着、不为敌方所惑的战例。东汉末年，朱隽围攻黄巾军于宛城。他先将宛城层层包围，又在城外筑起小山以便观察城内敌情，然后擂鼓下令，指挥部队向宛城西南方向发起佯攻，黄巾军便仓皇拼凑兵力集中于西南防守。而朱隽则亲率五千主力，出其不意，猛攻东北，乘虚攻进城去。这是黄巾军主将临战之时方寸已乱，无法应付突然事变的战例。从以上二例来看，运用声东

击西计谋，必先观察敌方指挥官的意志，而后决定是否可用此计。当敌志混乱时，用计便能成功；否则，反有战败之虞。所以，这的确是一条险策。

【精要新解】

"声东击西"一语有着悠久的历史，汉代刘安在《淮南子·兵略训》中就曾说过："故用兵之道，……将欲西而示之以东……"通俗地说，就是表面上或口头上叫嚷着要攻打这里，实际上却攻打那里。《三十六计》的作者则进一步揭示了其中的根本含义。作者在第六计解语中说："敌志乱萃，不虞。……利其不自主而取之。"这里的"乱萃"，是指乱作一团的野草。"不虞"，是指不加戒备，不及防备，意料不到。全句的意思是说，在敌方主将心志混乱、缺乏应付突发事变的情况下，要利用敌人失去控制能力的时机将其消灭。可见，此计的实质并非一定是说在东西两面采取一虚一实的手段，而是要求乘敌人混乱之机，用假象让敌人进一步产生错觉，从而出奇制胜。如果机械地声东必然出西，就有可能被对方识破。西汉时期，周亚夫平定吴楚七国之乱时，就曾经成功地识破了叛军的"声东击西"之计。

西汉景帝三年（公元前154年），吴王刘濞与楚、赵、胶东、胶西、菑川、胶南等七王联合发动叛乱，景帝以周亚夫为太尉，率兵平定叛乱。在初战挫败叛军势头之后，周亚夫移军下邑（今安徽砀山），直接威胁吴楚军的退路。吴楚军多次挑战，企图夺路而逃。周亚夫却固守营垒，拒不出战。吴王刘濞企图以声东击西的战法击败汉军，派一部兵力佯攻汉营东南角，而以主力精兵暗袭汉营西北角。岂料，周亚夫识破了其计谋，采取明防东南、实备西北的策略。不久，吴王果然派出精锐主力进攻汉营西北角，周亚夫立即率师予以迎头痛击，一举大败吴楚军。吴楚军迅速溃散，周亚夫率精兵乘胜追击，再次大破吴楚军。吴王刘濞逃至江南，被吴越王诱杀，楚王刘戊自杀，为时三个月的吴楚七国之乱得以平息。

从这个战例中可以看出，使用"声东击西"之计关键要把握两点。一是乱敌视线，惑其方寸。制造种种假象，使敌人判断失误，然后乘敌人出现混乱之机，迅速出兵打击。可以说，乱敌视线是运用此计的前提。因此，敌人头脑清醒的时候要谨慎使用，否则容易被敌人识破。二是隐蔽企图，果断出击。要善于洞察敌人的动向，尽量隐藏我方的真实意图，使敌人摸不着头脑，疑惑动摇，然后突然间以其意想不到的方式发动攻击，这样方能收到事半功倍的奇效。

20世纪90年代初的海湾战争，美国也运用了"声东击西"策略。美国先在伊拉克南部和科威特、沙特交界的边境地区，不断进行军事演习，引诱伊军向科威特南部增兵。美国在取得制海权、制空权后，又通过新闻媒介大肆宣扬美国将从伊南部海上大规模登陆。通过以上欺诈活动，美国成功调动伊拉克把有限的兵力都部署在伊拉克南部靠近科威特、沙特的边境，而伊拉克与沙特交界的边境只剩下一个师。"声东"计划完成后，在地面战斗开始的前十天，美国又悄悄地把主力部队和军需物资调到西线，做好了"击西"的准备。1991年2月24日凌晨，多国部队正式发动代号为"沙漠军刀"的地面战争，从西线伊沙边境重点突破，只用一百个小时，就取得了决定性胜利。

"声东击西"的关键在于避免正面冲突，迂回获取利益。它揭示了人类竞争活动的一个基本思路，因而不仅在战争中广为应用，在商战中也备受青睐。在商务谈判、广告宣传、股票信息发布等活动中，某一方可能率先制造声势给竞争对手或顾客造成某种印象，然后再从反方向出击，给顾客一种意想不到的惊奇，或者给对手一个措手不及，使对手不得不就范。

20 世纪 40 年代，美国塞罗克斯公司就是运用这一谋略率先打开了复印机市场。该公司的创始人威尔逊获得了生产一种新式复印机的专利，并将其命名为"塞罗克斯九一四型"新式复印机，第一批产品出厂时成本为每台 2400 美元，威尔逊竟将售价定为 2.95 万美元，超出成本十倍以上。威尔逊的确精明，他不仅知道这样高的价格可能会使复印机一台也卖不掉，而且还知道这一定价已经超出了现行法律允许的范围，公司内部也有人反对，但他仍坚持这样做。原来，他并不准备出卖复印机本身，而是准备出租复印机。果然不出威尔逊所料，这种复印机因定价过高被禁止出售。可是，人们早已在展销期间见识了它的独特功能，莫不渴望用上这种"魔机"，加上威尔逊早已获取了生产专利权，"只此一家，别无分店"，所以，当威尔逊以出租服务的形式重新推出时，虽然租金居高不下，但因受先前售价很高的思维定式的影响，顾客仍然趋之若鹜。威尔逊高价卖机器是"声东"，为下一步高价出租复印机的业务铺平了道路。以高价出租才是其实质，这就是"击西"。"声东击西"这一谋略，使威尔逊取得了成功。

日本商人运用"声东击西"之计也可谓是不露痕迹。20 世纪 80 年代初期，我国不少电视台片源短缺，日本某公司就提出免费赠送一整套《变形金刚》动画片。多家电视台播出动画片后，很多孩子都如痴如醉，变形金刚玩具就此开始风行，商场里铺天盖地都是变形金刚，几乎每个孩子人手一个。原来我们的电视台替人家做了一个免费的长期高效广告，日本企业从中国孩子手里猛赚了一把。变形金刚的热销尚未降温，90年代中后期《四驱小子》又风行于银屏，电视还没播完，市场上各种四驱车成了孩子们爱不释手的玩具。同样，1999年《足球小子》风靡校园，而街头巷尾，有草坪空场就有半大不小的一群孩子在那里踢足球，体育用品商店的足球又卖了个火爆。回首这一连串日本动画片在中国热映后的情景，可以清楚地看出，日本商人们免费或廉价提供动画片只不过是为了"声东"，其目的在于"击西"，即刺激中国青少年对影片中所渲染的商品产生兴趣。

　　应当说，对于商家和消费者都有利的"声东击西"之计是无可厚非的，但坑蒙拐骗式的"声东击西"却应当坚决打击和提防。虽然商场上"声东击西"的陷阱不胜枚举，但其特点还是大体相近的，通常都是设置假象，掩护自己的真实意图，同时致使对方判断失误，甚至出现混乱，然后乘机迂回取利。对付这样的陷阱，一要冷静观察，不要见着项目就眼红，看到上涨就着急，而要结合全局走势分析当前的情况。二要辨别真伪，听其言，观其行，从细节中分析事情的真相。总之，凡事多问几个"为什么"。

[小结] "胜战计"的制胜逻辑

　　"胜战计"大致研究的是在战场上兵力相对优势、地势相对有利、条件相对优越的一方，如何根据具体情况运用六条计谋，化优势为胜势。六条计谋大体按照作战的几个步骤，一步步推进，既可单独使用，也可互相配合。

第一步是蒙蔽敌人，使敌人对我方的企图毫无察觉，我方才有可能保持优势和有利状态。这就要采用"瞒天过海"之计，在常见不疑的假象掩护之下，实现我方的真正意图。

第二步是调动敌人，使敌人兵力分散。调动敌人的最好办法是"围魏救赵"，如同孙子所说："出其所必趋""攻其所必救"，对方必定向我方攻击的方向奔跑，被我所调动。

第三步是削弱敌人，使敌人未战之前便自乱阵脚。但削弱敌人不必自己直接上阵，可行"借刀杀人"之计，借力打力、借势打人。

第四步是疲惫敌人，使其实力大减。有效的办法是活用"以逸待劳"之计，尽量不要首先发起进攻，而是积极防御，养精蓄锐，待敌方精疲力竭、声势锐减、攻防双方实力发生逆转时，我方则由被动变为主动。

第五步是果断出击，以迅猛之势打击敌人。打击最有效的办法是"趁火打劫"，敌方出现严重危机之际，要果断乘机出兵夺取胜利，争取速战速决。

第六步是巧妙打击，出其不意地夺取胜利。当敌军指挥混乱，已经陷入不能继续作战的困境时，必须抓住其失去控制的时机，运用"声东击西"之计迅速予以消灭，这样做往往可以大大超出敌人的意料。

以上六个步骤，六条计谋，环环相扣，互相配合，一步步从思想上麻痹敌人、部署上打乱敌人、实力上削弱敌人、精神上疲惫敌人，最终战而胜之。

商战同兵战一样，事业发达、经营顺利的时候也要谨慎行动，不能靠侥幸取胜，不能打无准备之仗、无把握之仗。对市场需求变化、销供产环节，都必须"运筹于帷幄之中"，才能有必胜的信心、必胜的把握，才能掌握主导商战风云的主动权，在商场上"决胜于千里之外"。因此，不妨在某些情况下考虑"胜战计"中的计谋。

二

巧设"敌战计",敢与强敌斗智斗勇

[篇题解析]

敌战，就是对抗战，尤其是双方势均力敌情况下的对抗战。《孙子兵法》说："敌则能战之。"其中的"敌"就是指双方势均力敌的状态。在这种状态下，优秀的将领不要过多犹豫，而要勇于战斗。如何战斗呢？头脑简单的将领很可能偏重于拼力气、拼消耗，单纯斗勇斗狠。在势均力敌的情况下，一味地打对决战、消耗战，其结果必定是两败俱伤，得不偿失。胜者惨胜，败者惨败。孙子所说的"战"，不是这种蛮干，而是"善战"，即灵活运用谋略的"巧战""智战"。《三十六计》的作者继承和发展了孙子的思想，针对双方势均力敌的状态提出六条计谋，提醒人们采取系统性的谋略措施，一方面千方百计提高自己的战斗力，另一方面想方设法削弱敌人、迷惑敌人，使其上当受骗，然后乘机消灭敌人，夺取胜利。

市场如战场，有人把激烈的市场竞争比喻为"白刃战"。在市场竞争的"白刃"搏斗中，强手如林，优胜劣汰，一个企业要发展壮大，要战胜竞争对手，不妨借鉴一下"敌战计"的谋略。

第七计　无中生有

【原文】

诳也，非诳也，实其所诳也。少阴、太阴、太阳。

二、巧设"敌战计",敢与强敌斗智斗勇

[按语]无而示有,诳也。诳不可久而易觉,故无不可以终无。无中生有,则由诳而真、由虚而实矣。无,不可以败敌;生有,则败敌矣。如令狐潮围雍丘,张巡缚稿为人千余,披黑衣,夜缒城下,潮兵争射之,得箭数十万。其后复夜缒人,潮兵笑,不设备,乃以死士五百砍潮营,焚垒幕,追奔十余里。

【译文】

运用假象欺骗对方,但并非全部都是假的,而是让对方把真相当成假象。这就要巧妙地运用阴阳转化之理,由阴变阳,由虚变实,由真变假。

[按语]无中示有,是一种骗局。但是骗局容易被识破且不能久长,因而没有的不能始终没有。而是要弄假成真、由虚转实。所以,什么都没有,不能击败敌人;变为有时,就能打败敌人。例如,唐代叛军令狐潮围攻唐军于雍丘。城内守将张巡因箭已用尽,便命令士兵做了一千多个草人,披上黑衣,乘夜用绳子吊下城去。叛军士兵以为有人坠出城来攻击,争先放箭,张巡毫不费力地赚得几十万支羽箭。后来,张巡又在夜里把人坠下城去,叛军以为又是来赚箭的,未加理会。张巡看敌人毫不戒备,立刻放下五百敢死队员,突然袭击敌营,毁其堡垒,焚烧其营帐,并追杀十余里,重创了敌军。

【精要新解】

不少人热衷于买彩票,大多数彩民虽然屡战屡败,光有投入而没有收益,却仍然乐此不疲。为什么这么执着呢?因为有少部分人还是可以得奖的,甚至个别人一夜成为百万富翁。谁能保证这个馅饼有朝一日不会掉到自己的头上呢?这实际上就

是"无中生有"之计产生的奇妙效应。

"无中生有"这一成语最早出自老子的《道德经》第四十章中："天下万物生于有，有生于无。"用今天的话来说，是指天下万物都从"有"的状况中生发出来，而"有"又是从"无"的状况中生出的。

《三十六计》的作者觉得这一原理非常适用于军事活动，于是将之列为第七计，并在这一计的解语中解释说："诳也，非诳也，实其所诳也。"其中的"诳"，就是用假象欺骗和迷惑敌人。全句意思是说：用假象欺骗敌人，但又不是完全弄虚作假，而是要巧妙地由假变真，由虚变实，用各种假象掩盖真相，造成敌人的错觉，出其不意地打击敌人。

第二次世界大战期间，美英联军在诺曼底登陆前成功地实施了一场"无中生有"的计谋。

1944年，盟军计划派出3个伞兵师在登陆地域纵深的圣玛丽埃格利兹地区预先突击德军据守的桥梁、高地，以策应随后渡海而来的大规模登陆部队，并阻击德军向诺曼底登陆地区派出的增援部队。为了减少空降行动中可能遭到的阻击，盟军提前在预定伞降地区两翼组织了频繁的假空降。一批批从英国飞来的运输机三番五次地投下大量假伞兵，而且那些假伞兵携带的器材在接近地面时还会发出枪炮声。德军紧急出动部队，包围假空降地区。但每次搜索，除了发现那些假人、假兵器之外，一无所获。时间一长，德军对这种接连不断的骚扰产生了厌倦心理，渐渐大意起来，对空降的迹象不再警觉，陷入麻木之中。

诺曼底登陆行动开始前，盟军的空降机群又成批地进入圣玛丽埃格利兹上空，3个师的空降部队真枪实弹从天而降。已处于麻木状态的德军，在接到盟军伞兵空降的报告时，将信将疑，没有迅速出兵迎击，从而失去了有利的战机。盟军运用"无中生有"之计，使这次空降作战行动取得了成功。

由此可见，"无中生有"的关键之处有两点：一是善于"示无"，即如何使敌人相信你"无"。只要敌人相信了，那么"无中生有"之计就成功了一半。二是真假相掺，使敌人判断失误。也就是用假象欺骗敌人，但又不是完全弄虚作假，而是要巧妙地由假变真，由虚变实，造成敌人的错觉，使其难辨真假，不得不跟着你的指挥棒走。

商业竞争与军事斗争有许多相同之处，但也有不同之处。作为一种军事谋略，"无中生有"的关键是"示无"。但作为一种商战谋略，"无中生有"之计在很多情况下则是要"示有"，让对方抱有希望，孜孜以求。正如彩票销售一样，近年来许多商场、许多商品都在搞"有奖销售"，邮局则推行"有奖贺年卡"，这些都是很有效的促销、融资方式。其实，对大多数购买者来说，得奖的概率极小，也可以说基本"无"奖，但是顾客却争相购买，原因就在于"无"奖之中，又确实"有"少数中大奖或中等奖的机会。正是这"无"中生"有"的可能性对顾客具有极大的诱惑力，使商家获得极大的赢利。但是，从道德上来说，运用这种"无中生有"的办法，一定要诚实，切实做到"诳也，非诳也"，假中有真，虚中有实。不能一假到底，整个是骗人的把戏。虽然说买的没有卖的精，但时间一长，买者一方对真假还是会有清楚判断的。

不幸的是，现实的商业竞争中仍然有不少心术不正的人专门玩这种一假到底的骗人把戏。有的商店设立了有奖销售，可是，所谓的奖金或奖品完全是子虚乌有，即使有也是用一些残次品充数。对于这类欺骗行为，人们要倍加警惕。此外，在股票、期货和大宗商品交易中更需要提高警惕，注意识破骗子们利用假信息、假合同、假广告设置的骗局，增强防范不法商人暗施"无中生有"之计的意识。

当然，更需要防范的是日常生活中某些人的"无中生有"毒计。有些人为了达到自己的目的，把本来没有的事，凭空捏造说成有。这种"无中生有"之计，如同黑暗中放出的"毒箭"，极具杀伤力，"辛辛苦苦几十年，一张邮票查半年"的不白之冤大多源自这种"毒箭"。对此，正直的人不能不倍加提防。

第八计　暗度陈仓

【原文】

示之以动，利其静而有主，益动而巽。

[按语] 奇出于正，无正则不能出奇。不明修栈道，则不能暗度陈仓。昔邓艾屯白水之北，姜维遣廖化屯白水之南而结营焉。艾谓诸将曰："维今卒还，吾军少，法当来渡而不作桥；此维使化持吾，令不得还，必自东袭洮城矣。"艾即夜潜军，径到洮城。维果来渡。而艾先至，据城，得以不破。此则是姜维不善用暗度陈仓之计，而艾察知其声东击西之谋也。

【译文】

故意暴露行动，敌方平静时做出作战主张，暗中迂回到敌方侧后突袭，从而增强作战机动性，乘虚而入。

[按语] 奇兵与正兵必须要密切配合，如果没有正面攻击，就不会有出奇制胜。正如不去明修栈道，也就没有暗中东出陈

仓一样。三国时，魏将邓艾攻蜀，进军于白水北岸。蜀将姜维立刻派廖化率军驻扎于白水南岸，隔水对峙。邓艾分析敌情，对部下说："姜维突然回军与我对抗，我军兵力薄弱，按兵法要求，姜维本应不等架桥便过河来攻，但迟至今日不见行动，我断定这是企图断我归路，特派廖化前来牵制，而他却率主力向东迂回，要夺取洮城。"于是，邓艾下令，当夜从小路赶回洮城，果然发现姜维正在那里偷渡。因为邓艾已抢先入城，故姜维偷袭没有得逞。这是姜维不善于运用暗度陈仓之谋，而邓艾却能识破其声东击西策略的实例。

【精要新解】

暗度陈仓，如果完整地说应为"明修栈道，暗度陈仓"。这一典故出自楚汉战争时期。

据《史记·淮阴侯列传》记载：秦朝政权被推翻后，项羽自封西楚霸王，并大封群臣。为限制刘邦扩充势力，项羽借分封之名，封他为汉中王，并让三个秦军降将分别驻守汉中通往关中的战略要地，以监视刘邦。为了麻痹项羽，刘邦退入汉中时，采纳张良的建议，将汉中通往关中的栈道全部烧毁，表示不再返回关中。其实，刘邦一心要击败项羽，争夺天下。公元前206年，已逐步强大起来的刘邦，乘齐王、赵王反项羽之机，派大将军韩信出兵东征。出征之前，韩信派了许多士兵去修复已被烧毁的栈道，摆出要从原路杀回的架势。关中守军闻讯，密切注视栈道修复的进展情况，并派主力部队在这条路线各个关口要塞加紧防范，准备阻拦汉军进攻。然而，韩信却暗里带兵迂回至陈仓（今陕西宝鸡），突袭咸阳，占领关中。不到三个月的时间，关中变成了汉王刘邦的地盘，为其统一中原奠定了基础。

此后，这一战例成为后世兵家效仿的经典，《三十六计》的作者更把它上升为一种用兵原则的计谋，并直接以"暗度陈仓"为计名。此计的解语具体解释说："示之以动，利其静而有主，益动而巽。""示之以动"，示，指给人看；动，指正面佯攻、佯动等迷惑敌方的军事行动。"益动而巽"，语出《易经·益卦》，意思是说，增强和发挥军事行动的机动性，就能像风一样，乘虚而入，攻其不备。全句的意思是说：故意向敌人的某一方向进行佯攻以吸引敌人的注意力，然后利用敌人在这一方向固守之机，悄悄迂回到另一地方进行偷袭。这就是《易经·益卦》中所说的乘虚而入、出奇制胜的办法。

第二次世界大战中，德军成功突破法国的马奇诺防线，那无疑又是一个"暗度陈仓"的经典战例。

马奇诺防线是法国在第二次世界大战前为了防止德国入侵而在法德边境建筑的防线，南北长390千米，法国耗时十多年，花费50亿法郎才将它建成。整个防线由钢筋混凝土建造而成，墙壁厚度达到了3.5米，别说机枪，就连一般的火炮也难以击穿。内部地道四通八达，地道之间有指挥所、弹药库、发电站、医院、厨房、有轨电车以及各种生活设施。防线内每千米都有15个军事工程，一共部署了344门大口径火炮，120个炮塔，同时还拥有1533个碉堡，壕沟全线覆盖。法国自认为这是一道任何人都不可能逾越的铜墙铁壁。然而，法国忽略了马奇诺防线的一个致使弱点，那就是阿登地区。阿登地区位于法国与比利时边境，法国本打算将防线延伸到这一地区，因比利时的反对，再加上当时法国认为阿登高地地形崎岖，不便于大规模机械化部队运动作战，德军不可能从此处下手，于是只好作罢。

岂料，德国人正是发现了这一薄弱环节，采取了迂回战术。

1940年5月，德军实施"曼施坦因计划"，三路大军同时展开攻势作战。以正面C集团军17个师的兵力佯攻马奇诺防线，牵制法军10万主力部队；B集团军28个师进攻荷兰、比利时、卢森堡，显示侧击法国本土的架势，法国名将甘末林率领英法联军迅速北上，试图遏制敌军。令法国没想到的是，就在法国忙于分兵抵抗的同时，德军主将古德里安早已率领A集团军强大的装甲部队从马奇诺防线的左翼迂回，穿过丛林密布的阿登地区，突破蒙梅迪附近的达拉地防线，直接深入法国北部和比利时南部。德军势如破竹，将法国一分为二，占领了法国北部，然后绕到马奇诺防线的后方，使防线形同虚设。法国军队不知所措，秩序大乱。39天后，法国便投降了！德军统帅部或许没想到，他们的"曼施坦因计划"与《三十六计》中的"暗度陈仓"如出一辙。如果说左右两大集团军群的佯攻是"明修栈道"，中路集团军群的偷袭则是典型的"暗度陈仓"。

古今中外战例说明，实施"暗度陈仓"之计，至少要注意两个要点：一是明暗措施结合，多方迷惑敌人。也就是说，用明的方式扰乱敌人的视线，甚至调动敌人的部队，从而掩护自己实际要突击的方向。二是隐蔽地机动自己，同时稳住敌人。"暗度陈仓"实际上是一种巧妙的机动作战战术，"益动而巽"强调的就是增强和发挥军事行动的机动性。因此，在迷惑敌人的同时，一定要隐蔽而迅速地机动自己的部队，这样才能乘敌人固守原地或奔向错误方向之机，突然在另一地点发起出其不意的攻击。

在商场竞争中，"明修栈道，暗度陈仓"谋略的实质就是要想办法转移竞争对手或消费者的注意力，暗中占领市场或让消费者心甘情愿地掏腰包。例如，去麦当劳餐馆吃过饭的人会发现，该餐馆一个与众不同之处是，馆内专门辟有一角儿童游乐场。餐馆老板为什么舍得在那么宝贵的营业面积中，划出这么一块地方，进行与餐饮没有直接联系的活动呢？其实这也是"明修栈道，暗度陈仓"之计的运用，以游乐场来吸引儿童，以儿童牵动家长，以游乐促进餐饮，这是该餐馆经常客满的一个原因。现在海底捞等餐饮公司也都学会了这一招，前厅设置有美甲、擦鞋等区域，免费为顾客服务。顾客高兴而来，满意而归，下次再来，海底捞还赢得了良好的口碑。其实，所谓的免费，其成本早已悄悄地转移到消费者的账单之中。这种"明修栈道，暗度陈仓"的方式，对顾客和商家都有利，可谓双赢。

不幸的是，此计也时常被一些居心不良的人利用，以损害消费者和国家的利益，发个人或小集团的不义之财。例如，某市建筑安装工程总公司出台了企业改制方案，方案关键的两个方面：一是将公司所有资产划分成13份，成立13个子公司，并指定子公司负责人明确具有法人资格，无偿使用公司划分的资产；二是总公司母体，拖欠银行的1500万元债务和利息并没有划分给子公司，这些债务明摆着成了"千年不赖，万年不还"的死账。这家公司的改制虽然是个案，但有一定普遍意义。面对市场竞争，企业改制只有两种选择：一是主动改革，而且越快越彻底越好；二是"明修栈道，暗度陈仓"。譬如说，通过改制把银行的钱变成死账；把国有资产变成个人的，造成国有资产流失；把职工推向社会。这种恶意使用"暗度陈仓"之计是不道德的，有关管理部门应当擦亮眼睛，戳穿这种诡计。

二、巧设"敌战计"，敢与强敌斗智斗勇

第九计　隔岸观火

【原文】

阳乖序乱，阴以待逆。暴戾恣睢，其势自毙。顺以动豫，豫顺以动。

[按语]乖气浮张，逼则受击，退而远之，则乱自起。昔袁尚、袁熙奔辽东，尚有数千骑。初，辽东太守公孙康，恃远不服。及曹操破乌丸，或说操遂征之，尚兄弟可擒也。操曰："吾方使康斩送尚、熙首来，不烦兵矣！"九月，操引兵自柳城还，康即斩尚、熙，传其首。诸将问其故，操曰："彼素畏尚等，吾急之则并力，缓之则相图。其势然也。"或曰：此兵书火攻之道也。按：兵书《火攻篇》，前段言火攻之法，后段言慎动之理，与隔岸观火之意，亦相吻合。

【译文】

当敌方内部矛盾趋于激化、秩序混乱时，我便静待其发生暴乱。敌人反目为仇，势必自取灭亡。因而，我应静不露机，顺应敌情，临机制变，以待其毙。

[按语]敌方内部自相倾轧时，如果乘机施加压力，就会立刻遭到还击；如果远远避开，则其矛盾就会更加激化。三国时，袁尚、袁熙率领数千兵马逃往辽东。起初，辽东太守公孙康因恃于地区偏远，一向不肯服从曹操。待曹操击败乌丸之后，有人建议应乘胜征讨公孙康，并一举擒杀袁氏二兄弟。曹操说："我现在正设法使公孙康杀掉二袁并把头送来，用不着再劳师远征了。"九月，当曹操从柳城回师后，公孙康果然杀死二袁，并把首级献来。众将不解，问曹操"这是为什么"，曹操回答说：

"公孙康向来惧怕二袁,今二袁往投,他必猜疑。如果我出兵急攻,他们就会合力抗拒;如果放任不管,他们就会马上自相火拼。这是必然的趋势。"有人认为这是兵书《火攻篇》原理的应用。按《孙子·火攻篇》前部谈到火攻的方法,后部则论及慎于用兵的原理,恰好与隔岸观火的道理相吻合。

【精要新解】

《三十六计》这部兵书有一个独到之处,那就是首先用通俗易懂的成语吸引人们的眼球,然后再用解语剥开其中的内核。作为每一计名称的成语往往只是形象地概括某一计的表面特点,而解语才是其真正内涵之所在。例如,"隔岸观火"从字面上来说,就是当敌方陷入矛盾冲突时采取袖手旁观的态度。而作为一种军事谋略来说,就不仅仅是"旁观"的问题。《三十六计》第九计解语中说道:"阳乖序乱,阴以待逆。暴戾恣睢,其势自毙。顺以动豫,豫顺以动。"其基本意思是,当敌方内部矛盾公开激化、秩序混乱时,我便静待其发生暴乱。敌人反目为仇,势必自取灭亡。因此,我们只需要采取和顺的态度,不必去紧逼敌人,让他们内部自行火并,我们便可以坐待有利的结果或有利的战机了。显然,其目的主要在于等待有利的战机,然后乘对方危难加剧之机采取行动,以达到"鹬蚌相争,渔翁得利"的目的。战国时期,秦惠王与陈轸的一段对话就清楚地诠释了这一深刻内涵。

当时,韩魏战争相持不下,难分胜负。秦惠王对是否参战拿不定主意,向陈轸问计。陈轸并未直接回答,而是先讲了一段卞庄"坐山观虎斗"的故事。他说卞庄看到两虎相斗,认为斗则大者伤,小者死,于是躲到一旁静静地观战。等到双方斗争得精疲力竭、都受了重伤时，他才跳出来，连刺几刀，一举获得双虎。陈轸讲完这个故事之后，把话锋一转，直接分析是否出兵的问题。他指出：韩魏战争，难分难解，发展的结局是强国削弱，弱国灭亡。那时出兵，就会像卞庄那样，费力小而收效大。惠王茅塞顿开，决定缓兵待机，终于在韩魏两国精疲力竭之后，将其各个击破。

"隔岸观火"的意思与另一成语大同小异，那就是"坐山观虎斗"。

"隔岸观火"也好，"坐山观虎斗"也罢，都是国际斗争中一种常见的现象。毛泽东曾多次用"坐山观虎斗"来评论国内外政治事件。1939年6月，毛泽东撰文谴责西方帝国主义国家纵容日本侵略中国。他指出：西方帝国主义"自己'坐山观虎斗'，以待时机一到，就策动所谓太平洋调停会议，借收渔人之利。"（《毛泽东选集》第二卷）同年9月，毛泽东谈论欧洲战场局势时又说："近年来，世界反动资产阶级首先是英法的反动资产阶级，对于德意日法西斯的侵略，一贯地执行了一种反动的政策，即所谓'不干涉'政策。这个政策的目的，在于纵容侵略战争，自己从中取利。""其目的在于使战争的双方互相消耗，然后自己出台干涉。""这种'不干涉'政策，乃是'坐山观虎斗'的政策，是完全损人利己的帝国主义政策"。（《毛泽东选集》第二卷）

毛泽东的分析可谓一针见血，入木三分。

透过古代战例和毛泽东的分析评论，我们不难看出"隔岸观火"和"坐山观虎斗"实际上是一种把"静观"与"后动"有机结合起来的谋略。这一谋略关键在于"动"字。冷静观战是策略，后发制人是目的。二者有机配合，方能收到"鹬蚌相争,渔翁得利"的效果。在现代商战中,"隔岸观火"之计主要是指在国内外市场激烈的竞争之中,采取静观其变的态度,或者煽风点火的办法,等待和创造有利的商机,然后大举投入,坐收渔人之利。

第十计　笑里藏刀

【原文】

信而安之,阴以图之;备而后动,勿使有变。刚中柔外也。

[按语] 兵书云:"辞卑而益备者,进也……无约而请和者,谋也。"故:凡敌人之巧言令色,皆杀机之外露也。宋曹武穆玮知渭州,号令明肃,西人惮之。一日,方召诸将饮,会有叛卒数千,亡奔夏境。堠骑报至,诸将相顾失色,公言笑如平时。徐谓骑曰:"吾命也,汝勿显言!"西人闻之,以为袭已,尽杀之。此临机应变之用也。若勾践之事夫差,则竟使其久而安之矣。

【译文】

表面上要取信于敌,让其毫无戒备;我则暗中策划,积极准备,因敌制胜。同时切勿使其察觉和发生意外变化。这是外表温和而暗藏杀机的策略。

[按语] 兵书写道:"敌人言词谦逊,其实正在加紧战备;没有事先约定而主动前来媾和的,定是不怀好意。"所以,凡是敌人的花言巧语,都是阴谋诡计的一种外在表现。宋代,曹玮任渭州州牧时,军纪严明,西夏人非常惧怕。有一天,曹玮正与部将饮酒,忽然有几千名士兵叛乱,逃亡西夏。当骑兵侦察

员前来报告时，将官们听了面面相觑，十分惊恐。而曹纬谈笑自如，仍然像往常一样。只见曹纬徐徐地对侦察员说："请别声张，他们都是遵照我的命令行事的！"西夏人听说，以为中了宋国的诡计，立刻把前来投奔的宋兵都处决了。这正是曹纬在谋略上临机应变的运用。另外，春秋时代，越王勾践为吴国所败，向吴称臣多年。后来他用计使夫差贪图安逸，毫无戒备，从而取得了最后的胜利。

【精要新解】

一说起"笑里藏刀"，或许不少人马上就会联想到那种口蜜腹剑的两面人物。的确，古往今来这种人从来没有绝迹过，"笑里藏刀"最初也是用以形容这种人的。例如，《旧唐书·李义府传》中，描写李义府时写道：相貌温和恭顺，与人说话时总是面带微笑，但是骨子里却阴险奸诈。一旦处于有权有势的位置，便要求周围的人绝对服从自己，对于稍微违背他意志的人动不动就加以打击陷害。因此，当时人们称李义府"笑中有刀"。后来，人们将"笑中有刀"改为"笑里藏刀"，用以形容假慈善、真歹毒的人。

然而，作为一种军事斗争的谋略，"笑里藏刀"又有了更深的含义。《三十六计》第十计的解语说："信而安之，阴以图之；备而后动，勿使有变。刚中柔外也。"这段话的意思是，想办法对敌人表示友好的诚意，使其信以为真，因而安然不动，麻痹松懈，我方则在暗中谋划袭击他。我方做好充分准备后再采取行动，整个准备过程中千万不要让敌人有所觉察，而使形势发生变化。这就是所谓内藏杀机、外示友好的谋略。通俗地说，就是要通过政治上、外交上的伪装手段麻痹敌人，用以掩盖自己的军事行动、政治图谋。蒋介石就曾经多次运用这一谋略。

抗日战争胜利后,蒋介石阴谋独吞胜利果实,但为了做好发动内战的准备,便施用了"笑里藏刀"的手法。一方面于1945年8月间三次电邀毛泽东到重庆进行和平谈判,另一方面则抓紧时间积极备战。中国共产党识破了他的诡计,但为了争取和平,教育广大民众,我党毅然决定由毛泽东、周恩来、王若飞等人,组成代表团赴重庆与国民党谈判。谈判后双方达成了避免内战、有利于和平的《双十协定》,并在1946年1月发布了停战命令。然而,不久之后,蒋介石公然撕毁《双十协定》,调集大军全面进攻解放区,彻底暴露了其"假和平,真备战"的险恶目的。

当然,"笑里藏刀"并非进攻者的专利,防御者也可以灵活运用"刚中柔外"之计。这时的"笑"不是阴险的假笑,而是迫不得已的苦笑,以换取暂时喘息的机会,避免矛盾升级,赢得双方力量强弱转化的时间和空间。卧薪尝胆的主人公越王勾践就曾经迫不得已地"苦笑"了20多年。勾践在夫椒一战中被吴国打败,为求得生存,伺机报仇雪恨,勾践接受了大夫范蠡的建议,向吴称臣纳贡,并亲自到吴国侍奉吴王,甚至不惜尝吴王的粪便,以示真心臣服。在表面柔顺的同时,勾践暗地里发愤增加生产,加强军备,振兴国力。经过"十年生聚,十年教训"的艰苦努力,当吴越两国综合实力强弱发生明显转变的时候,他便利用吴王北上争霸而后方空虚的机会,突然发起进攻,终于一雪20多年的亡国之耻。

无论是阴笑,还是苦笑,从客观上说,运用"笑里藏刀"之计主要有两个要点:一是明暗结合。用表面温和的假象迷惑对方,以掩盖真实的意图和行动。二是刚中柔外。"笑里藏刀"

之计往往难以一蹴而就，需要一个长期的实施过程。在这个过程中既要有坚强的意志，又要注意积累力量，一旦时机成熟则能战而胜敌。

在和平的日常生活中，除了少数人的阴笑和苦笑之外，更多的是真诚的微笑。特别是商家，历来强调"和气生财"，笑迎顾客。虽然这种微笑之中，其所藏之"刀"是盈利，但其目的不在于损人利己，而在于"主观成就自我，客观成就别人"，赢得双方"共笑"。所以，希尔顿酒店创始人康拉德·希尔顿有一段名言："如果我的旅馆只有一流的设备，而没有一流服务员的微笑，那就像一家永不见温暖阳光的旅馆，又有何情趣可言呢？"其实，微笑是模仿不了的，它必须出自对顾客真诚的态度。希尔顿先生深知微笑的真谛和价值，正是微笑才使自己的酒店生意兴隆。

当然，我们在赞美微笑的同时，也不能不提防假笑。在商战之中，热情洋溢的笑脸有些并非出自善良的动机，少数商人把叵测的用心掩盖在热情的微笑之中，千方百计地使对方轻信自己"友好"的表面，使之放松警惕。同时，暗中策划战胜对手的方案，然后伺机突袭，使对手败北。面对这种"笑脸"，人们必须保持冷静，透过其热情的面孔，洞察其内心深处的动机。

第十一计　李代桃僵

【原文】

势必有损，损阴以益阳。

［按语］我敌之情，各有长短。战争之事，难得全胜。而胜

负之决,即在长短之相较,乃有以短胜长之秘诀。如"以下驷敌上驷,以上驷敌中驷,以中驷敌下驷"之类,则诚兵家独具之诡谋,非常理之可推测者也。

【译文】

当战局发展必然会有所损失时,要不惜牺牲次要的东西,以换取全局的胜利。

[按语] 敌我双方情况,互有短长。战争中企图在各方面都压倒敌人,实在是难以做到的。战争的胜负,取决于双方力量的对比,往往占优势的一方获胜。但是,为使我方取得战斗力量对比的优势,应运用以劣胜优之诀窍。就如战国时孙膑向田忌献计那样,用下等马对上等马,用上等马对中等马,又用中等马对下等马等。这是军事家所特有的谋略,并非用一般常识可以推测的。

【精要新解】

汉代乐府诗《鸡鸣》生动形象地阐述了一个生活哲理。全诗是这样的:"兄弟四五人,皆为侍中郎。五日一时来,观者满路旁。黄金络马头,颎颎何煌煌。桃生露井上,李树生桃旁,虫来啮桃根,李树代桃僵,树木身相代,兄弟还相忘?"大意是:一家四五个兄弟,都是高官。每隔五天,便回家相聚,路旁挤满了看热闹的人群。他们的服饰十分华丽,连马嚼子都是黄金做成的,金光灿灿,放射出耀眼的光芒。井边生长着一棵桃树,桃树旁边有一株李树。害虫来咬桃树的根,李树虽没有遭到虫害,却替桃树着急难受,以至于僵死了。就连桃李这样没有人性的树木,都能相亲相爱,在危难之时以身相代。而有些同胞兄弟，竟把手足之情忘得一干二净。后来，人们把这首诗的意思浓缩为一个成语，即李代桃僵，指顶替或代人受过。《三十六计》的作者由此联想到军事斗争中常采用的一条计谋，他便借用这首诗的寓意，将其取名为"李代桃僵"，并列为第十一计。

那么，从军事谋略上来说，"李代桃僵"是什么意思呢？作者在解语中做了解释，那就是："势必有损，损阴以益阳。"意思是说，当战局发展必然会有所损失时，要不惜牺牲次要的东西，以换取全局的胜利。此计用在军事上，通常指在敌我双方势均力敌，或者敌优我劣的情况下，用小的代价，换取大的胜利的谋略。战国时，赵国名将李牧就曾采用过这一计谋。

战国后期，赵国北部经常受到匈奴襜褴国及东胡、林胡等部骚扰，边境不宁。赵王派大将李牧镇守北部门户雁门。李牧上任后，日日杀牛宰羊，犒赏将士，只许坚壁自守，不许与敌交锋。李牧因此被远在朝廷的一些官员指责为贪生怕死。但对匈奴来说，由于摸不清李牧军队的底细，不敢贸然进犯。李牧则加紧训练部队，养精蓄锐，几年后，兵强马壮，士气高昂。公元前250年，李牧准备出击匈奴。他先派少数士兵保护边寨百姓出去放牧。匈奴见状，派出小股骑兵前去劫掠，李牧的士兵与敌骑交手，假装败退，丢下一些人和牲畜。匈奴占了便宜，得胜而归。这使匈奴单于更加相信，李牧不敢出城征战，是一个不堪一击的胆小之徒。于是，匈奴单于亲率大军直逼雁门。李牧料到骄兵之计必定会奏效，于是严阵以待，兵分三路，给匈奴单于准备了一个"大口袋"。匈奴军轻敌冒进，被李牧分割几处，逐个围歼。单于兵败，落荒而逃，襜褴灭亡。李牧就这样用个人名誉和部队士兵小小的损失，换得了全局的胜利。

有意思的是，当时针指向1982年5月的时候，英阿马岛战争又让人们看到了一幕现代版的"李代桃僵"战例。

这一天，阿根廷空军打算攻击英国的"无敌"号航空母舰。"无敌"号航母之所以号称"无敌"，并非狂妄自大，而是因为舰上装备的"鹞"式战斗机和大批防空导弹的确威力巨大。阿根廷空军为了削弱敌人的优势，确保攻击成功，以"天鹰"式和"超级军旗"式攻击机组成两个机群，相互配合，并先以第一个机群，即大批"天鹰"式攻击机将英军的防空兵器诱开。最终，阿军谋略成功，英军上当，12架"鹞"式战斗机飞离航母，拦截"天鹰"，同时，英舰还向"天鹰"机群发射了防空导弹，两架阿机被击落。正在英机与阿根廷"天鹰"式飞机交火之时，阿军第二组机群，即两架"超级军旗"、四架"天鹰"和三架"幻影"式攻击机，以低空飞行抵近英舰，协同攻击。阿军先由"超级军旗"在英舰队主要防空火力之外，用"飞鱼"导弹攻击英舰，然后携带常规武器的攻击机乘虚而入，进行多方向攻击，两枚炸弹直接命中，重创了英航母。

用"李代桃僵"之计来分析，阿军的"天鹰"式机群，既是诱饵，又是敢死队，主要用于吸引英军的雷达和火力，随时可能被击毁。正是因为阿军巧妙地抛出了这些"李树"，才引得英军的"虫子"，然后利用"虫子"咬"李树"之机，"桃树"乘机出动，一举歼灭敌人。

发生在古代和当代的这两个故事告诉人们，运用"李代桃僵"之计主要有两个要领：一是敢于牺牲，果断决策。一旦战事进展到必须丢卒保车的情况时，指挥员一定要舍得割爱，果断决策以局部利益换取全局利益。二是精于取舍，舍小求大。牺牲局部利益时，或者选择无关紧要的局部，或者选择特别能战斗的部队，在牺牲自己的同时，大量消耗敌人，从而保证全局或主力部队的安全或胜利。

"李代桃僵"可以有多种形式，如抓替罪羊等，都是其具体形式。在商战中，"李代桃僵"的形式更多，可谓比比皆是，其核心都是以"吃小亏"赚得"大便宜"。

例如，时下商家们通用的降价、打折、优惠等销售手段，往往是拿部分价廉滞销的商品作"李树"，以价高热销的商品为"桃树"，以局部商品的降价营造整体的热销气势，吸引顾客，从而保证大部分商品的良好走势。

随着市场竞争的发展，企业家们的质量意识、品牌意识逐渐增强，以多种形式巧行"李代桃僵"之计的事例越来越多。其中，家喻户晓的是海尔集团张瑞敏怒砸劣质冰箱的故事。海尔集团创业初期，冰箱在国内市场尚属紧俏商品，海尔冰箱供不应求。在热销的利好形势下，工人们加班加点，大干快上，产品数量直线上升，然而质量却有所下降，以致质检时发现76台有各种瑕疵的产品。面对这76台冰箱，有的人认为稍加修补即可作为合格产品卖出去，有的人建议作为次品内部折价出售。张瑞敏力排众议，强行要求每台劣质冰箱的生产责任人当众挥舞铁锤砸烂自己的产品。在常人看来，张瑞敏此举似乎有点傻，几十万元的东西一砸了事，岂不亏哉。然而，事情的进展却越来越清楚地显示出张瑞敏当时的深层动机。一是通过砸得职工心中"流血"的举动，以唤醒职工的质量意识；二是通过砸劣质产品的事件，塑造海尔高度重视质量的企业形象。现在看来，多亏当初张瑞敏果断地以那76台冰箱为"李树"，才赢得今天海尔"桃树"满天下的大好局面。

第十二计　顺手牵羊

【原文】

微隙在所必乘，微利在所必得。少阴，少阳。

[按语] 大军动处，其隙甚多；乘间取利，不必以战。胜固可用，败亦可用。

【译文】

对敌方出现的小漏洞，必须及时利用；极小的利益，也要力争获得。变敌方小的疏忽为我方小的利益。

[按语] 敌方的大部队行动时，漏洞一定很多。要抓住漏洞，寻找机会，夺取胜利，不必使用过多的兵力或经过特大的战斗。这种战法，强者固然可以使用，而弱者同样也可以运用。

【精要新解】

日常生活中经常见到这样一些现象，有的人自觉或不自觉地顺手拿走别人的东西据为己有，贪小便宜。人们把这种现象形容为"顺手牵羊"。

"羊"在中国古代是财富的象征，特别是游牧民族，说起家中有多少财产，就说有多少只羊。因此，"顺手牵羊"的"羊"，实际上泛指利益、小便宜，而不是活生生的羊。

从军事上来说，顺手牵羊的"羊"有着更加广泛的含义。《三十六计》第十二计的解语解释说："微隙在所必乘，微利在所必得。少阴，少阳。"这里的"微隙"，是指敌方计划或部署中出现的小漏洞；"微利"，则指战场上那些小的有利因素或有利条件。这些都是指挥作战时必须及时捕捉的"羊"。那么，全句的意思是说：对敌方出现小的漏洞，必须及时利用；对己方来说，再小的利益，也要力争获得，不放过敌人的每一个错误，以扩展我军的战果，从而变敌方小的疏忽为我方大的胜利。汉高祖刘邦当年之所以能够演出"明修栈道，暗度陈仓"的好戏，重要原因就在于做到了"微隙在所必乘"。

汉高祖元年，刘邦极力避免与项羽发生正面冲突，故退守汉中。因当时双方的军事实力相差悬殊，刘邦只能养精蓄锐，捕捉战机。正在这个相持阶段，当时的一路义军首领田荣，因未被项羽封王而起兵反楚，吞并三齐，自立为齐王。于是，项羽亲自率领大军攻打田荣。刘邦乘齐楚两军酣战，项羽无暇西顾的空隙，采纳韩信提出的"明修栈道，暗度陈仓"计谋，乘隙而出，顺手牵羊，一举夺回了三秦。

与刘邦相比，以色列在第四次中东战争中的"顺手牵羊"之举成效更为明显。1973年10月，埃及军队先发制人，在18个小时内全线成功地渡过苏伊士运河，摧毁了以色列吹嘘为"不可逾越"的"巴列夫防线"，打破了以色列"不可战胜"的神话。从惊愕中缓过神来的以色列迅速实行全国总动员，48小时内就动员了30万大军，并火速奔赴前线，阻止了埃及军队的进攻势头。重新应征回部队的沙龙将军率领中路大军行动神速，很快进入西奈前线。看到埃及军队在苏伊士运河东岸桥头阵地并未连成一片，当中存有空隙可供利用，他马上向上级报告，要求打过运河，到埃及后方去。几天之后，美国给以色列国防部送来通过"大鸟"卫星和高空侦察飞机拍摄的照片，以军首脑们清楚地看到，提姆萨湖和大苦湖之间有一个宽达10公里的空隙。很明显，这是埃及第二军和第三军的接合部，是一个很好的突破口。于是，以色列国防部下令由沙龙率领中路主力部队从大苦湖北面的空隙渡过运河，向西岸发动进攻。沙龙依计行事，让先遣队伪装成埃军装甲车队顺利渡过伊索姆附近一座由埃军把守的浮桥，直插埃军后方。然后东打西炸，打得埃军晕头转向，从而扭转了以军的被动局面。

从古今战例中不难看出，"顺手牵羊"中"顺手"二字的意思并不完全是人们习惯上说的"就便""附带之举"，而在于强调有意识地乘敌之隙，积小胜为大胜。因此，运用此计应当注意三个要点：一是要有敏锐的洞察力，能够从某些蛛丝马迹中看出可以利用的战机；二是勿嫌利益微小，积少成多；三是要有果断的决策能力，一旦发现确有可用之机，便迅速行动。"三军之灾，犹豫最大"，战场上往往机会稍纵即逝，缺乏果断的决策能力很可能坐失良机。

应当说，经营领域更能广泛运用"顺手牵羊"之计。人们既可以突出"微隙在所必乘"之意，又可以实践"微利在所必得"的要求。这就要求企业经营者事先要有充分的思想准备，要有敏锐的目光，善于抓住每一个得之不费力、用之可获利的空隙，顺手牵羊，轻松获利。

2000年年底，美国总统竞选期间，原先打算发行千禧年总统纪念币的美国佛罗里达州铸造商诺博-裴洛特公司，眼看下届总统难产，灵机一动化危机为商机，抢先推出"总统难产纪念银币"，全球限量推出4000枚，银币由纯银铸造，不分正反面，一面是小布什肖像，另一面则是戈尔肖像，订购价为79美元。铸币厂就这样抓住一个偶然出现的机遇，以一个小小的举措挣了一大桶金。

应当指出的是，"顺手牵羊"中所说的"微利在所必得"，不能理解为见利就抓，那样很可能"捡了芝麻，丢了西瓜"。高明的企业家要争的"微利",是那种可以积少成多、由小变大的利益,是一种从大处着眼、从小处着手的务实态度。

现在不少人抱怨干什么都不挣钱。诚然,在市场经济日渐成熟的今天,再想一口吃成个大胖子已经不大可能了,但是如果善于抓住"微隙"和"微利",还是可以挖着"金子"的。当然,"君子聚财,取之有道",我们赞赏通过诚实经营的"顺手牵羊",反对那种贪图小便宜式的"顺手牵羊"。

[小结] "敌战计"的制胜逻辑

战争中交战双方旗鼓相当、势均力敌的情况比较常见。在这种情况下,双方容易打成平手,或陷入僵局,也可能双方都伤亡惨重。为避免这种结局,我方不仅要千方百计提高自己的战斗力,还要想方设法削弱敌人的战斗力。虽然总体力量上或态势上双方势均力敌,但要想办法造成交战之际的我强敌弱。这就需要巧用计谋,迷惑敌人,使其上当受骗,然后乘机消灭敌人,夺取胜利。为此,《三十六计》的作者按照作战步骤提出了六条计谋。

第一步是欺骗敌人,使其判断失误。这就要采用"无中生有"之计,用假象欺骗敌人,但不是弄假到底,而是为了由假变真,由虚变实,造成敌人的错觉,使其真假难辨,虚实难分,以便出其不意地予以攻击。

第二步是迷惑敌人,分散敌人的注意力。"暗度陈仓"是有效的办法。先故意向敌人的某一方向进行佯攻以吸引敌人的注意力,然后利用敌人在这一方向固守不动之机,悄悄地迂回到另一方向展开突然袭击,出奇制胜。

第三步是削弱敌人，使其自败。可采用"隔岸观火"之计。在敌方众叛亲离、内部分裂、秩序混乱时，我方应静待其形势继续恶化，发生变乱，然后相机行事，坐收渔人之利。

第四步是麻痹敌人，使其放松戒备。屡试不爽的办法是"笑里藏刀"。设法使敌人相信我方的"友好"表示，从而麻痹松懈；我方则暗中策划克敌制胜的方案，经过充分准备后相机行动，不要让敌人有所觉察而采取应变的措施。

第五步是战场决战，舍小利而求大利。可采用"李代桃僵"之计。当一系列计谋削弱了敌人，必须正面决战时，要舍得牺牲局部利益以换取全局的胜利。

第六步是乘敌之隙，迅速夺取胜利。作者提出的办法是"顺手牵羊"。正面决战过程中不能忽略敌方任何一个小漏洞，一旦捕捉到就必须乘机利用，变敌方的小失误为我方的大胜利。

以上六计，角度不同，主线却相当明确。那就是在敌我双方势均力敌的情况下，先想方设法削弱敌人，造成其失误和混乱，然后抓住敌人的破绽予以出其不意的打击，从而逐步赢得胜利。

一个企业要想在同行竞争、同一个市场竞争的激战中发展壮大，在与势均力敌的对手较量中立于不败之地，不妨从"敌战计"中寻找某些制胜之道，尽可能开发自己的新产品，开拓自己的新市场。

三

妙用"攻战计",
积极创造有利战机

[篇题解析]

攻战，就是主动进攻，这是在主动出击条件下施用的计谋。从战争规律上来说，进攻是夺取胜利最主要的手段。因此，当敌人图谋向我发动进攻时，不要犹豫，更不要退缩，而要抢先一步，主动出击，以迅雷不及掩耳之势把敌人打败。战场是斗智斗勇的场所，所以自古便有"两军相逢勇者胜"之说。到了当代，世界各国军队更加强调进攻意识，连防御也强调积极，并说最好的防御就是进攻。因此说，主动进攻是有信心取胜的勇敢行动，同时主动进攻也是最好的防御。但是，进攻并不是简单的一次出击，而是多手并用，采用不同的方式，或者从不同的角度，攻其无备，出其不意。为此，《三十六计》的作者提出六条计谋，供人们在进攻作战中选择，或者综合运用，打组合拳。

企业进军市场的目的就是要占领市场，推销产品，赢得利润。在商战中，只有主动进攻，才能抢时间、争速度、占市场、创效益。

第十三计　打草惊蛇

【原文】

疑以叩实，察而后动；复者，阴之媒也。

［按语］敌力不露，阴谋深沉，未可轻进，应遍探其锋。兵

三、妙用"攻战计"，积极创造有利战机

书云："军旁有险阻、潢井、葭苇、山林、翳荟者，必谨复索之，此伏奸之所藏也。"

【译文】

情况可疑要查实，精确辨别敌情之后，再投入行动；反复探索敌情，是发现敌人设下圈套的主要手段。

[按语]敌方的兵力不暴露，行踪诡秘意向不明，切不可冒险轻率发动进攻。应当立即弄清其主力与突击目标在何处。兵书说："进军的路上，遇有险要关隘、沼泽水洼、芦苇以及林深草密的地方，必须慎重地反复搜索，因为这些都是敌人可能设伏的处所。"

【精要新解】

南唐当涂县（今安徽省马鞍山市辖县）县令王鲁是个贪官。他和手下的办事人员勾结在一起贪污、受贿、敲诈勒索，无恶不作，把老百姓害苦了。老百姓忍无可忍，联合起来写了状子层层往上递，控告的对象是王鲁的一个主簿（相当于秘书），坚决要求惩办他。状子送到王鲁手里，他一看状子上写的罪行，每桩都跟自己有关系，便心慌了，不由得拿起笔，在状子上批了八个大字："汝虽打草，吾已惊蛇。"意思是你们虽然是打草，但我正像藏在草丛中的蛇一样受到了惊吓。后来这八个字演变成了成语"打草惊蛇"，常常用来比喻因办事不周密，反而使对方知道了自己的意图，预先有了防备。

《三十六计》的作者借用了这一成语，并将它作为第十三计的计名，然而所包含的意思却有了变化。这一计的解语中说："疑以叩实，察而后动；复者，阴之媒也。""疑以叩实"

的"叩",是指叩击、敲打,比喻用竹棍敲击草丛,查看是否有蛇,引申为侦察核实。"复者",是指反复侦察。"阴之媒也"中的"阴"是指某些隐藏着的、暂时尚不明显或未暴露的情况。"媒",就是媒介、方法。全句的意思是说:如果发现情况可疑,就要查实,精确辨别敌情之后,再投入行动;反复探索敌情,是发现敌人设下圈套的主要手段。

显然,《三十六计》拓展了"打草惊蛇"这一成语的含义。作为一种军事计谋,它不是用来形容办事不周而暴露了自己的意图,而重在于强调通过周密侦察,或者假象欺骗,达到引蛇出洞,掌握敌情,最后聚而歼之的目的。三国时期的夷陵之战中,吴军主帅陆逊就曾采用了这一计谋。

据《三国志·吴书》记载,公元222年,吴蜀两军相持于夷陵、猇亭(今湖北省宜都北)一带,时间长达七八个月,蜀军在长江沿线狭长地带连营数百里,兵力分散,士气低落,吴军将领陆逊决定利用这种有利时机实施反击。为了进一步摸清情况,陆逊先派一支小部队攻打蜀军的一个营寨,其他各营寨蜀军蜂拥而至,打得吴军抱头鼠窜,败退回营。陆逊的部将们认为,应当继续坚守不战,不能这样白白损失兵力。陆逊则胸有成竹地说:"我已知道破敌之策了。"原来,经过这次战斗侦察,惊动了蜀军的各个营寨,陆逊发现蜀军在长江两岸狭长地带难以展开部队,乱其一个营,则全军必然跟着乱,而且军营都是用木栅构成。于是,他想出了火攻的方法。此计后来付诸实施,火烧蜀营40余座,蜀军主帅刘备身负重伤,逃回白帝城。

如果我们将镜头转向现代战争的舞台,就会发现"打草惊蛇"也是现代一些军事将领的拿手好戏。1982年第五次中东战争中，以色列军队就成功地运用了这一计。

1982年6月，以色列悍然发动了侵略黎巴嫩的战争。这次战争，以色列除了要给黎巴嫩境内巴勒斯坦解放组织的游击队以重创外，另一个重要目标就是摧毁叙利亚设在黎巴嫩东部贝卡谷地的导弹发射阵地。贝卡谷地位于终年积雪的希布伦山和沙氓山之间，是一片温暖的平原，布满葡萄树丛。然而，就是在这些葡萄树丛中部署着使以色列胆战心惊的"萨姆-6"苏制防空导弹。第四次中东战争中，仅一天之内，就有23架以色列战机栽在这种导弹上。因此，以色列必欲将其彻底摧毁而后快。在实施攻击之前，以色列为探明叙军导弹阵地的确切位置及电磁频谱，实施了"打草惊蛇"之计。以色列先后派出多架无人驾驶飞机侦察导弹阵地的位置、火力配系及周围地形，搜索叙军制导雷达的频率、通信等信息及作战飞机的部署情况。叙军虽然及时击落了这些无人驾驶飞机，但其搜集到的情报资料却早已传给了远离目标区的直升机。

一切准备就绪，6月9日，以色列再次实施"打草惊蛇"之计，派出两架装有雷达反射器和雷达侦察接收机的"壮士"无人驾驶飞机作诱饵，飞入贝卡谷地叙军导弹阵地上空，引诱叙军的导弹雷达暴露目标。当"壮士"从1500米高空窜入时，叙军从雷达显示屏上看到的就好像是直奔导弹阵地而来的鬼怪式轰炸机，当即打开"萨姆-6"导弹瞄准雷达，准备发射导弹。这一开机不打紧，正中以色列之下怀，电波信号立即被"壮士"接收，并传送到以军指挥机上，紧接着一群"百舌鸟"导弹便直奔"萨姆-6"瞄准雷达。叙军瞄准雷达顷刻之间变为废铁，导弹丧失了眼睛，变成了"瞎子"，无法发现空中的来袭目标，只能被动挨打。这时，以色列出动96架战机，携带各种精确制导和非制导武器,对贝卡谷地进行攻击。仅仅 6 分钟时间,19 个"萨姆-6"空地导弹阵地全部被摧毁。

从这两个战例中不难看出,运用"打草惊蛇"之计主要有两个要点:一是善于质疑,及时发现可疑苗头。二是诱敌动作,使其充分暴露真实状态。

第十四计　借尸还魂

【原文】

有用者,不可借;不能用者,求借。借不能用者而用之,匪我求童蒙,童蒙求我。

[按语] 换代之际,纷立亡国之后者,而代其攻守者,皆此用也。

【译文】

凡自身有所作为的,不能为我所用;凡自身不能有所作为的,就有可能为我所用。利用自身不能有所作为的人,就像幼稚蒙昧之人需要求助于我,而不是我需要求助于幼稚蒙昧之人一样。

[按语] 每当改朝换代的时候,都纷纷扶立亡国之君的后裔。这固然是"借尸还魂"的谋略。但是,凡是以武力支援别人从事进攻或防御的,是为控制别人而代行其政的,都是这一谋略的运用。

【精要新解】

"借尸还魂",估计不少人一听到这个字眼就会马上联想到封建迷信之类的东西。确实,这一成语最初就是来自元代杂剧

《吕洞宾度铁拐李》中的一段迷信传说。

该剧说的是宋代郑州有一位名叫岳寿的官员,得罪了微服私访、手握尚方宝剑、能先斩后奏的巡察使韩魏公,惊吓成疾,一命呜呼。仙人吕洞宾找到阴间地府,向阎王求情,要收岳寿为徒,并让岳寿还魂转生。阎王翻阅生死簿后说:"岳寿之妻已将他的尸体火化,无法还魂了。"吕洞宾不死心,再三恳求阎王帮忙。阎王这才答应说:"郑州奉宁东关里,老李屠夫之子小李屠夫已死,其躯体尚未冷却,我们就借小李屠夫之尸还岳寿之魂如何?"吕洞宾一听,喜出望外:"妙极!"于是,吕洞宾让岳寿的魂进入小李屠夫体内,将其复活过来。因小李屠夫一条腿残疾,岳寿从此就挂起了一根铁拐,最后成为八仙之一。后来,"借尸还魂"成为人们常用的成语,指人死后灵魂可以借别人的尸体复活,现在用来比喻已经没落或死亡的事物借助别的事物又以另一种形式出现。

《三十六计》从军事谋略角度对这一成语做了新的解释。第十四计的解语中说:"有用者,不可借;不能用者,求借。借不能用者而用之,匪我求童蒙,童蒙求我。"其中的"有用者",指充满活力、生机勃勃、有所作为的事物,与"尸"相对。"不能用者",则正好相反,指没有活力、奄奄一息、无所作为的事物。"童蒙",指年幼无知的幼童。全句可以这样理解:有作为的,难以控制,不能利用他。没有作为的,常常依赖别人才能立足,因而会求助于我。利用没有作为的并顺势控制他,不是我受别人支配,而是我支配别人。

这种计谋在历史上经常作为政治上的一种计策被人使用。每当历史上改朝换代之时,就会有人挟持亡国君主的后代,打起前朝的旗号以号召天下,利用人们的正统观念,企图"借尸还魂"。秦朝末年，项梁、项羽叔侄二人就运用了这一计谋。他们利用秦王曾经囚杀楚怀王的历史积怨，拥立楚怀王的孙子为王，以帮助楚国复仇为名，把楚国的百姓吸引到自己的麾下，而且还得到原来楚国其他起义军的支持，势力越来越大，在推翻秦朝的斗争中节节胜利。其实，楚国早已被秦灭亡，项梁、项羽以尊崇楚怀王为号召，其实不过是为了利用楚王在普通百姓中尚存的那种正统地位和影响力，以达到灭亡秦国的目的。秦国灭亡之后，楚王的正统地位也就失去了利用价值，项羽便将之抛到一边，自立为西楚霸王。

显然，"借尸还魂"之计，重在于"借"。所借之"尸"，既可以是曾经显赫一时的人或事，又可以是一切能够引起人们注意的名义。所还之"魂"，便是用表面的假象掩盖自己的行动企图。如果我们依据这一思路分析日本一部分议员参拜"靖国神社"的行径，便不难看出其真实目的之所在。

靖国神社是日本祭祀明治维新以来历次战争中死亡军人的场所，也是日本弘扬所谓国家神道和军国主义精神的阵地。1978年，日本以"昭和殉难者"的名义，偷偷把二战中东条英机等14名甲级战犯和2000余名乙、丙级战犯牌位塞进那里供奉，使靖国神社增加了美化侵略和为战犯翻案的色彩。日本自民党、自由党、民主党等一些议员成立了超党派的"大家参拜靖国神社国会议员恳谈会"，在每年的8月15日和春、秋两季，组织成员对靖国神社进行集体参拜。他们成群结队地参拜靖国神社，绝不是出于对前人的一往情深，而是借进行侵略战争的战犯们之"尸"，还军国主义之"魂"，误导和毒害日本年轻一代，诱使他们偏离和平发展的正道，重蹈军国主义侵略扩张的覆辙。这种"借尸还魂"的行径理所当然地遭到了战争受害国人民的强烈谴责。

或许有的人听了这些故事后,会对"借尸还魂"之计心生厌恶,其实大可不必。我们了解这一计的实质,才能更清楚地识别各种复杂现象。同时,谋略本身没有正义和非正义之分,关键看使用者出于什么目的去运用它。出于阴险的政治目的,固然会对人类社会造成灾难,但如果仅仅将之作为一种处事艺术,争取公平竞争的外部环境,还是无可非议的。

第十五计　调虎离山

【原文】

待天以困之,用人以诱之。往蹇来连。

[按语] 兵书云:"下政攻城。"若攻坚,则自取败亡矣。敌既得地利,则不可以争其地。且敌有主而势大:有主,则非利不来趋;势大,则非天人合用,不能胜。

汉末,羌率众数千,遮虞诩于陈仓崤谷。诩军不进,宣言上书请兵,须到当发。羌闻之,乃分抄旁县;诩因其兵散,日夜进道,兼行百余里。令军士各作两灶,日倍增之;羌不敢逼,遂大破之。兵到乃发者,利诱之也;日夜兼进者,用天时以困之也;倍增其灶者,惑之以人事也。

【译文】

利用自然条件给敌方造成困难,再以人为的假象进行诱骗。假若向敌进攻有危险,那么,引敌出战则反而有利。

[按语] 兵书说:"攻击城堡和要塞,是下策。"倘若所攻之城牢不可破,那是自招败亡。敌人既然占据有利地形,就不

要去争夺；而且敌军兵力很强，又处于主动地位。敌方有准备，如果不以利诱，就不可能离开驻地前来攻我；敌方兵力强大，我方如果不把自然和人为的条件结合利用，也就很难取胜。

东汉末期，虞诩奉命平定叛乱，进军到陈仓崤谷，突然遇到数千羌兵的围困。虞诩立刻停止进军，扬言上书求救，等援兵到来再走。羌兵听了，想掠取财物便分散到邻县去了。虞诩因羌兵分散，乘机前进，不分昼夜，急行百余里。每次扎营，虞诩都命令士兵逐日加倍增修炉灶。羌兵以为援兵已来，不敢发动攻击。于是，虞诩赢得了时间，并掌握了主动权，计破羌兵，平定了叛乱。虞诩扬言等待援兵，是以利诱办法，促其分散掠夺；日夜急行军，脱离敌兵，是造成羌兵在时间与空间上的被动；加倍增灶，是迷惑羌兵而迟滞其军事行动。

【精要新解】

"调虎离山"中的"虎"实际上并非指真老虎，而是喻指一对矛盾中的对立方，"山"则是喻指对方占据的有利条件。那么整个成语的基本意思就是，为了便于乘机行事，想法子引诱某人离开原来的地方。虎是王中之王，若想与虎抗衡，就必须把老虎从山中引诱出来，正所谓"虎落平阳被犬欺"，老虎离开山林，威风不再。这提醒人们，若遇强敌，就要善用谋略，用假象使敌人失去有利局面，使敌人寸步难行。

如果从军事谋略上来说，"调虎离山"之计的含义更加丰富。《三十六计》第十五计的解语中说："待天以困之，用人以诱之。往蹇来连。"这里的"待天以困之"，是说利用自然条件使敌人陷入困境；"用人以诱之"，是强调再制造人为的假象去诱惑敌人就范。"往蹇来连"中的"蹇"，指不顺利，意思是说

三、妙用"攻战计"，积极创造有利战机

如果主动进攻敌人不能顺利取得胜利，那就想办法把敌人引诱出来之后再予以打击。

《孙子兵法》中曾说："上兵伐谋，其次伐交，其次伐兵，其下攻城。"孙子认为攻城是万不得已的下策。既然敌人已占据了有利地势，又做好了应战的准备，就不能再去与他争城夺地，而是应该巧妙地用小利去引诱敌人，把敌人诱离坚固的防地，引诱到对我军有利的战区，我方就可以变被动为主动，利用天时、地利、人和，击败敌人。

"调虎离山"之计，实质上是想方设法转移敌方的注意力，分散敌军的兵力，是兵家常用的战法。第二次世界大战期间，盟军也曾活用此招为陷入德军包围的美国空降部队解围。

1944年6月6日，美英盟军开始了诺曼底登陆战役。为了配合登陆部队作战，盟军派三个空降师组在登陆地区的两侧，也就是距离海岸10到15千米的纵深地域空降，阻挡德军的预备队向前支援，再从海岸敌军后侧进攻，配合登陆部队夺取目标，尔后向内陆推进。参加空降的是英美联军的全部空降部队，有美军第82空降师、第101空降师、英军第6空降师。空降部队落地之后，立即受到德国打击。在法国的科坦丁半岛北部，空降部队经过一天多的激战，与海运登陆的部队已经接触。但是，美军的两个空降师降落在泛滥区，行动迟缓，处在随时被德军包围的险境。幸运的是，初战之时，德军误认为科坦丁半岛登陆的盟军是一股不大的空降部队，未予重视。

到6月7日，德军意识到盟军空降部队的威胁，开始抽调预备兵力向科坦丁半岛泛滥区开进，很可能迅速包围美军。正在这时，德军接到在爱夫南齐斯北面和西面有大批盟军空降的消息。德军预备队举棋不定时，突然又有报告说：300多架盟

军飞机曾在圣罗以西地区空降了不少伞兵。德军元帅隆美尔断定这是盟军在那里大规模海上登陆的前奏，于是命令全部预备队扑向圣罗以西地区。殊不知，那些空降部队都是用木偶伪装成的伞兵。当德军扑向盟军设计的假空降地区之际，美军的两个空降师乘机跨过了泛滥区，解除了危机。

上述案例告诉人们，运用"调虎离山"之计的关键是"调"字，要善于调动敌人，其中有两个要点需要注意：一要以假象、利益、计谋调动"老虎"，牵着"虎鼻子"走；二要引诱"老虎"离开"虎山"，使敌人脱离有利位置，迫使其在不利的时间、不利的地点与我作战。

商场竞争虽然不像战场上那样鲜血淋淋，但龙争虎斗也是异常激烈的。一个企业能否生存与成长，要看其能从竞争者的手上夺取多少市场，能否保护自己不受竞争者的侵害，以及能否遏制竞争者的攻击。这就要求企业家要善于调动对手，使其脱离其固有的优势，从而暴露弱点，为我所乘。

第十六计　欲擒故纵

【原文】

逼则反兵，走则减势。紧随勿迫，累其气力，消其斗志，散而后擒，兵不血刃。需，有孚，光。

[按语] 所谓"纵"者，非放之也，随之，而稍松之耳。"穷寇勿追"，亦即此意。盖不追者，非不随也，不迫之而已。武侯之七纵七擒，即纵而蹑之，故展转推进，至于不毛之地。武侯之七纵，其意在拓地，在借孟获以服诸蛮，非兵法也。若论战，则擒者不可复纵。

三、妙用"攻战计"，积极创造有利战机

【译文】

追击敌人过急，可能会招致敌人反扑，若任其逃走反而会使其力量削弱。紧紧跟踪而不逼迫，借以消耗其体力，瓦解其斗志，等其溃散后，再加捕获。如此用兵，可以避免流血。这就是《周易·需卦》中所讲的"有收获，大顺利"。

[按语]此处所谓"纵"，并非是对敌视而不见，而是要一直跟随他，只是稍微放松一点而已。兵书说"对溃败之敌，不要穷追不舍"，也是这一意思。所谓不追，并非不尾随跟踪，只是不过分紧逼罢了。三国时，诸葛亮所施用的七纵七擒之计，虽释放之，又追踪之，经过反复，逐渐推进到边远地方。诸葛亮之所以用七纵，他的意图在于扩大疆土，以孟获作样板降服其他蛮族。这是服从于政治需要但不符合兵法的原则。如果按照作战要求，对被擒之敌，是不能随意再放的。

【精要新解】

"欲擒故纵"这个成语最早出自《老子》："将欲夺之，必固与之。"为什么打算夺取对方，还要先给对方一些小利，或者放他一马呢？《三十六计》第十六计的解语中解释说："逼则反兵，走则减势。紧随勿迫，累其气力，消其斗志，散而后擒，兵不血刃。"意思是说，如果追击敌人过于急迫就可能遇到反扑，而故意让其逃走反会使其力量削弱。紧紧跟踪而不出击，借以消耗其体力，瓦解其斗志，等其溃散之后，再加捕获。如此用兵，可以不必经历大规模血战便能取得胜利。

显然，运用这一计的关键是要把握好"纵"与"擒"的关系。"纵"是手段，"擒"是目的，手段是为实现目的服务的。"纵"不是对敌人放任不管，放虎归山，任其自由，而是有目的

地放松，不要做得太绝，以防物极必反，使敌人拼死挣扎，疯狂反扑。在军事上这是一种暂时的"让步"，待机而动，不去计较一城一地的得失，而精心谋划全局的胜利。三国时，诸葛亮所施用的七纵七擒之计，虽释放之，又追踪之，经过反复，逐渐推进到边远地方。诸葛亮之所以用七纵，意图在于扩大疆土，以孟获作样板降服其他蛮族。这是历来人们用来诠释"欲擒故纵"最经典的故事。

"欲擒故纵"，虽然只有四个字，却蕴含着丰富的内涵，给人以广阔的想象空间。人们可以从多方面在"纵"与"擒"之间做文章。英阿马岛战争期间，英军就用与诸葛亮不同的方法"写"出了一篇现代版"欲擒故纵"的精彩故事。

1982年夏天，在整个英阿马岛战争期间，马岛守军多次遭到英军轰炸机的轰炸和舰炮的攻击，还受到英军派到岛上的特别行动小组的袭击，但是守岛驻军最高指挥官梅嫩德斯将军的司令部却安然无恙，直到战争的最后阶段，守岛驻军全部投降之前，司令部都没有遇到英国的袭击。是英国人不知道其司令部的位置吗？很显然不是，英国人早已测定了其准确方位。那是英国人对这位将军的司令部发了慈悲，不愿打他们吗？更不是。在战争中，首先打掉敌人的指挥机关是双方都努力追求的目标。那么，英军意在何为呢？原来，英军截获了梅嫩德斯司令部与本土联系的无线电密码，并组织解码专家破译了出来。于是，英军决定实施"欲擒故纵"之计，放着守岛驻军司令部不打，让其一直与本土保持无线电联系，让其对部属进行无线电指挥，以便时时处处掌握守岛驻军决策及军事部署情况，为尔后进攻马岛提供了极大的便利。在战争的最后阶段，英军之所以采取迫降之策，也得力于截获的情报。当英方从梅嫩德斯司令部发往本土的电报中得知守岛阿军已是弹尽粮绝、饥寒交迫之时，果断地实施了迫降之策，结果马岛驻军一万四千余人在梅嫩德斯将军的带领下全部投降。

相比之下，日常生活中运用"欲擒故纵"之计可以有更多的形式。特别是在商战领域，诸如先尝后买，薄利多销，降价促销，贷款赊销，与人分利、于己得利等，都是"欲擒故纵"策略的具体运用。

值得注意的是，无论用哪一种具体方法，实施"欲擒故纵"之计都要有耐心。特朗普之所以取得成功，关键就在于他具有极大的耐心。他在所有的房地产交易中，看似漫不经心，从不急于求成。其实是他有足够的耐心等待，欲擒故纵，将自己的真实目的掩盖起来，迷惑对方，然后一举而用极优惠的条件做成一笔交易。这就是特朗普经营的秘诀。大西洋城的海滨木板路是建游乐场的理想之地，然而由于种种客观条件的制约，特朗普耐心等待了3年才最终完成在那里修建大型游乐场的夙愿。其实这件事本来随时可以成交，但特朗普宁愿等待，以捕捉最好的成交时机。在纽约第十七街，豪华的特朗普大厦拔地而起。在大厦公寓的销售战中，特朗普一如既往施行"欲擒故纵"之计。他将房价定得极高，使一般的顾客望而却步，而名流巨富却纷至沓来；销售中，特朗普要求推销人员不急于成交，不急于签约，也不急于兑现收款，造成供不应求的假象，最终大获成功。

除了经常作为一种军事谋略和竞争策略之外，"欲擒故纵"也是一种处世艺术。人们在生活和工作中虽然明确了某个目标，但一些情况下不宜直截了当地争取，而要用迂回的方法接近。

第十七计　抛砖引玉

【原文】

类以诱之。击蒙也。

[按语] 诱敌之法甚多，最妙之法，不在疑似之间，而在类同，以固其惑。以旌旗金鼓诱敌者，疑似也；以老弱粮草诱敌者，则类同也。如：楚伐绞，军其南门，屈瑕曰："绞小而轻，轻则寡谋，请勿捍采樵者以诱之。"从之，绞人获利。明日绞人争出，驱楚役徒于山中。楚人坐守其北门，而伏诸山下，大败之，为城下之盟而还。又如孙膑减灶而诱杀庞涓。

【译文】

用类似的事物去迷惑敌方，诱使敌人懵懂上当。

[按语] 迷惑敌人的办法很多，最好不要使用似是而非引人猜疑的办法，而是要用同类相似的办法，用以加深敌方的错觉，凡用旗帜招展与锣鼓齐鸣办法迷惑敌人的，是疑似之法；凡用老弱残兵和遗弃粮食柴草迷惑敌人的，才是类同之法。例如，春秋时期，楚国进攻绞国，军队驻扎在南门。楚国大将屈瑕说："绞国地小而人轻浮，轻浮就缺少主意。请对砍柴的人不设保卫，用这引诱他们。"楚王听从了屈瑕的意见。果然，绞军俘获了30个楚国的砍柴人。第二天，绞军争着出城，把楚国的砍柴人赶到山里。楚军坐等在北门，同时在山下设伏兵，大败绞军，强迫绞国订立城下之盟。又如，孙膑减灶而诱杀庞涓也是如此。

【精要新解】

"抛砖引玉"这个成语最早出自《景德传灯录》："大众晚

参，师云：'今夜答话去也，有解问者出来。'时有一僧便出礼拜，师云：'比来抛砖引玉，却引得个墼子。'"后世据此典故引申出成语"抛砖引玉"。

相传，唐代进士常建十分仰慕当时的大诗人赵嘏，他打听到赵嘏要到吴地游览灵岩寺的消息后，自己先到灵岩寺前墙上题了诗句："清晨入古寺，初日照高林。竹径通幽处，禅房花木深。"想要以此引起赵嘏题诗的兴趣。当赵嘏来此，见有一则未完成的诗，便在后面加了"山光悦鸟性，潭影空人心。万籁此都寂，但余钟磬音"，续成一首。续的诗比前两句要好，所以当时人们评论常建的做法是"抛砖引玉"。从此，"抛砖引玉"便作为一个成语流传开来。其基本含义是说，抛出不值钱的砖，引来极珍贵的玉，比喻以浅显的见识引出高妙的言论。现在常有人在会议发言的开场白或文章的开头语中引用这一成语，以表示自谦。

这一成语被纳入《三十六计》之中，列为第十七计的计名。作为军事谋略的"抛砖引玉"，其含义发生了较大变化。《三十六计》的作者在解语中解释说："类以诱之。击蒙也。"意思是说，用类似的事物造成假象去诱惑敌人，使敌人懵懵懂懂地上当受骗。显然，从军事上来说，所抛之"砖"和所引之"玉"不是粗浅的见识与高妙的意见之间的关系，而是小利与大利或假相与真相的关系，即以小的利益，或假的情报，引诱敌人暴露真相。因此，"抛砖"是手段，"引玉"是目的。公元前700年，楚国就曾经用"抛砖引玉"的策略轻取绞城。

这一年，楚国发兵攻打绞国（今湖北郧阳），大军行动迅速。楚军兵临城下，气势旺盛，绞国自知出城迎战凶多吉少，决定坚守城池。绞城地势险要，易守难攻。楚军多次进攻，均被击退。两军相持一个多月，楚国大将屈瑕仔细分析了敌我双方的情况，认为绞城只可智取，不可强攻。他向楚王献上一条"以鱼饵钓大鱼"的计谋。他说："攻城不下，不如利而诱之。"楚王便问诱敌之法。屈瑕建议：趁绞城被围月余，城中缺少薪柴之时，派些士兵装扮成樵夫上山打柴运回来，敌军一定会出城劫夺柴草。头几天，让他们先得一些小利，等他们麻痹大意，大批士兵出城劫夺柴草之时，先设伏兵断其后路，然后聚而歼之，乘势夺城。楚王担心绞国不会轻易上当，屈瑕解释：大王放心，绞国虽小但轻躁，轻躁则少谋略。有这样香甜的"钓饵"，不愁他不"上钩"。楚王于是依计而行，命一些士兵装扮成樵夫上山打柴。

绞侯听探子报告有樵夫进山的情况，忙问这些樵夫有无楚军保护。探子说，他们三三两两进出，并无兵士跟随。绞侯马上布置人马，待"樵夫"背着柴禾出山之机，突然袭击，果然顺利得手，抓了30多个"樵夫"，夺得不少柴草。一连几天，收获不小。见有利可图，绞国出城劫夺柴草的士兵越来越多。楚王见敌人已经吞下"钓饵"，便决定迅速捕捉"大鱼"。第六天，绞国士兵像前几天一样出城劫掠，"樵夫"们见绞军又来劫掠，吓得没命地逃奔，绞国士兵紧紧追赶，不知不觉陷入楚军的埋伏圈内。只见伏兵四起，杀声震天，绞国士兵哪里抵挡得住，慌忙败退，又遇伏兵断了归路，死伤无数。楚王此时趁机攻城，绞侯自知中计，已无力抵抗，只得请降。

此计按语中还提到"孙膑减灶而诱杀庞涓"也是"抛砖引玉"的经典案例。如果仅仅从这几个字的提示，似乎很难把孙膑减灶之计与"抛砖引玉"联系在一起。但是，如果仔细分析马陵之战的全过程，就会发现孙膑之计确实与"类以诱之，击

三、妙用"攻战计",积极创造有利战机

蒙也"十分吻合。

公元前341年,魏惠王派庞涓联合赵国引兵伐韩,包围韩都新郑(今属河南省)。韩昭侯求救于齐。齐以田忌、田婴、田盼为将,孙膑为军师,率军经曲阜、亢父(今山东济宁),由定陶进入魏境,矛头直指与大梁近在咫尺的外黄(今河南民权)。庞涓闻讯,急忙从韩国撤兵而回。魏惠王深恨齐国一再干预魏国的大事,于是起倾国之兵迎击齐军,以太子申为上将亲自率军出征,庞涓为主将,协助太子指挥,誓与齐军决一死战。孙膑见魏军来势凶猛,且敌对双方力量众寡悬殊,决定采取《孙子兵法》中"实而备之,强而避之"的计谋,先诱敌深入,将魏军引入不利地区,然后再一举歼灭。于是他命令部队由外黄向马陵方向撤退。马陵位于鄄邑北60华里处,沟深林密,道路曲折,适于设伏。撤退过程中,孙膑命令兵士第一天挖10万个做饭的灶坑,第二天减为5万个,第三天再减为3万个。庞涓尾随而来,发现齐军宿营地的军灶每天大量减少,心中大喜,认为齐军兵士已逃亡过半,便亲率精锐之师兼程追赶。天黑时赶到马陵道,命兵士点火把照路。火光下,只见一棵大树被剥去一块树皮,上面写有一行字,庞涓凑近一看,竟然是"庞涓死于此树之下"。庞涓大吃一惊,刚要下令撤退,两侧山坡上齐军伏兵万箭齐发。魏军进退两难,阵容大乱,自相践踏,死伤无数。庞涓自知厄运难逃,大叫一声:"一着不慎,遂使竖子成名!"拔剑自刎。齐军乘胜追击,正遇太子申率后军赶到,一阵冲杀,魏军兵败如山倒。齐军生擒太子申,大获全胜。

"抛砖引玉"的手法可以多种多样,用无价值的假情报赚回有价值的真情报,也是抛砖引玉的一种手法。第二次世界大

战中，美国在中途岛战役前就成功地运用了这一计谋。美国知道日本要对美国在太平洋地区的军事基地进行打击，但不知日本以什么地方为目标。从截获的大量日军电报中，美国情报人员发现日军提及进攻目标时多用"AF"两个字母，他们根据各种迹象判断可能是指中途岛。为了证实这一判断，美军想到了"抛砖引玉"这一招，有意让驻中途岛的海军司令部用浅显的英语向上级拍发了封电报，佯称"此处淡水设备发生故障"。48小时之后，美军截获了一份日军密电："AF很可能缺少淡水。"这就证实了中途岛就是日军的攻击目标"AF"。于是美军太平洋舰队尼米兹上将采取了及时、有力的对策，沉重地打击了日军，使日军惨败而逃。

战场上"抛砖引玉"，多有引诱对手受骗上当之意。如果将这一计运用于商场竞争，则应当旨在吸引客户注意，激发合作对象的兴趣，以期产生双赢或多赢的效应。例如，新店开张通常张灯结彩，大造声势，这时候销售人员可以趁热打铁推出各种类型的优惠政策，以吸引客户的注意，引导客户进店购买。同时，商家也可以利用网络挖掘新客户，提前获取客户信息，并在网上嘘寒问暖，与客户建立信任关系，但是最终的落脚点一定是推荐优惠服务。只要对方愿意来到店里，店家就可以获得面对面推荐的机会，在这样的状态之下，成交率会得以提升。

需要注意的是，谋略是一种中性的东西，各种人都能够运用它，既可以正用，也可以反用。所以，我们了解和学习谋略，不仅要着眼于如何运用它，更要着眼于如何防范它。

三、妙用"攻战计",积极创造有利战机

第十八计　擒贼擒王

【原文】

摧其坚,夺其魁,以解其体。龙战于野,其道穷也。

[按语] 攻胜则利不胜取。取小遗大,卒之利、将之累、帅之害、功之亏也。全胜而不摧坚擒王,是纵虎归山也。擒王之法,不可图辨旌旗,而当察其阵中之首动。

昔张巡与尹子奇战,直冲贼营,至子奇麾下。营中大乱,斩贼将五十余人,杀士卒五千余人。巡欲射子奇而不识,剡蒿为矢。中者喜,谓巡矢尽,走白子奇。乃得其状,使霁云射之,中其左目,几获之。子奇乃收军退还。

【译文】

摧毁敌军主力,擒住其首领,就可瓦解其整体力量。好像龙离开大海到陆地上作战,濒临绝境一样。

[按语] 战胜敌人就不能不乘机扩张战果。如果满足于小利而失掉获取大胜的战机,只顾士兵减少伤亡但敌军主力仍然完好无损,就会给指挥者造成巨大困难,甚至前功尽弃。只求取得完全胜利而不求消灭敌军主力并俘获其首领,就像放虎归山一样,后患无穷。捕获敌军首领的方法,不能只辨别旗帜,而应观察在敌营中谁是指挥员。

唐肃宗时,张巡和尹子奇展开激战,唐军一直攻入敌营的帅旗下面。敌营大乱,张巡斩杀敌将50余名、士兵5000多人。张巡企图用冷箭射死尹子奇,但不认识他,便想了一个办法,让士兵削尖秸秆当箭射。敌兵中箭都很高兴,以为唐军的箭已用完,所以急忙向尹子奇报告。张巡乘机辨认出尹子奇,立刻命令南霁云放箭,正中其左眼,差点将其俘获。尹子奇吃了败仗,只好收兵退回。

【精要新解】

"擒贼擒王",语出唐代诗人杜甫《前出塞》:"挽弓当挽强,用箭当用长,射人先射马,擒贼先擒王。杀人亦有限,列国自有疆。苟能制侵陵,岂在多杀伤。"后来,人们浓缩其意,形成了"擒贼擒王"这个成语。民间有"打蛇要打七寸"的说法,也是这个意思,蛇无头不行,打了蛇头,这条蛇也就完了。

在《三十六计》中,这一成语成为第十八计的计名。其基本内涵是:"摧其坚,夺其魁,以解其体。龙战于野,其道穷也。"其中的"龙战于野,其道穷也",语出《易经·坤卦》,意为强龙如果离开水,陷在原野里,便会一筹莫展,难以摆脱失败的结局。所谓"龙困浅滩遭虾戏",说的就是这个道理。

那么,"擒贼擒王"说的就是摧毁敌人的中坚力量,擒获敌人的首领。如此,就可以瓦解敌人的整个部队。这正如《易经·坤卦》所说的,如果使龙离开大海到陆地上作战,它就会智穷力竭,陷入绝境。

显然,作为军事谋略,这是一种"点穴"之术,是抓住主要矛盾、取得全面胜利的计谋。做事情不能不分主次,要抓住问题的要害,选准解决问题的突破口。在次要方面取得若干个小胜利,不如在一个主要方面取得一个大胜利。"王"一般指敌军主帅或指挥部。擒住了"王",就能瓦解敌人的全军;让"王"跑掉,无异于放虎归山,后患无穷。俗话说:"蛇无头不走,鸟无头不飞。"军队作战也是一样,没有将帅的军队,千军万马只是乌合之众,一盘散沙。我们不妨回眸历史,看看名将

三、妙用"攻战计"，积极创造有利战机

张巡是如何运用这一计谋的。

唐朝安史之乱时，安禄山气焰嚣张，连连大捷，安禄山之子安庆绪派勇将尹子奇率 10 万劲旅进攻睢阳。御史中丞张巡驻守睢阳，见敌军来势汹汹，决定据城固守。敌兵 20 余次攻城，均被击退。尹子奇见士兵已经疲惫，只得鸣金收兵。一日晚上，叛军刚刚准备休息，忽听城头战鼓隆隆，喊声震天，尹子奇急令部队准备与冲出城来的唐军激战。而张巡"只打雷不下雨"，不时擂鼓，造出要杀出城来的声势，却一直紧闭城门，没有出战。尹子奇的部队被折腾了整夜，没有休息，将士们疲乏至极，倒在地上呼呼大睡。这时，城中一声炮响，突然之间，张巡率领守军冲杀出来。敌兵从梦中惊醒，惊慌失措，乱作一团。张巡一鼓作气，接连斩杀 50 余名敌将、5000 余名士兵，敌军大乱。张巡急令部队擒拿敌军首领尹子奇，部队一直冲到敌军帅旗之下。张巡从未见过尹子奇，根本不认识，现在他又混在乱军之中，更加难以辨认。张巡心生一计，让士兵用秸秆削尖作箭，射向敌军。敌军中不少人中箭，他们以为这下完了，没有命了。但是发现，自己中的是秸秆箭，心中大喜，以为张巡军中已没有箭了。他们争先恐后向尹子奇报告这个好消息。张巡见状，立刻辨认出了敌军首领尹子奇，急令神箭手向尹子奇放箭，正中尹子奇左眼。这回可是真箭，只见尹子奇鲜血淋漓，抱头鼠窜，仓皇逃命。敌军一片混乱，大败而逃。

从哲学上来看，所谓"擒贼擒王"，其实是一种抓主要矛盾的工作方法。如果用西方著名军事思想家克劳塞维茨的观点来看，则是一种打击重心的方法。克劳塞维茨认为，物体的重心总是位于质量聚集最多的地方，因此指向物体重心的打击是最有效的。军队中也有重心，即敌人力量的核心、要害、关键

部位。战略指挥员,不仅要善于识别敌人的重心,更要善于集中兵力对敌人予以致命的一击。以彻底打垮敌人为目标的作战,所有力量的集中打击都必须指向敌人的重心。克劳塞维茨的这一观点对当代西方国家的作战理论影响很大。2003年的伊拉克战争中美军针对伊拉克总统萨达姆的"斩首行动",以及2011年美军海豹突击队击毙基地组织首领本·拉登的"杰罗尼莫"行动,都是"擒贼擒王"之计在当代战争中的运用。

查阅各成语辞典,都将"擒贼擒王"解释为"做事要抓关键"。战场作战中,打击敌军主力,打击敌国要害;日常生活中,抓住主要矛盾,攻取主要目标;商业竞争中,明确主要对手,争夺关键市场,这一切都堪称"擒贼擒王"之计的灵活运用。可见,"擒贼擒王"之计在社会生活的各个领域有着广泛的运用空间。而其中的关键,则在于人们是否善于识别"贼王",是否具有擒拿"贼王"的能力,只有二者结合才能做到"擒贼擒王"。

在商场竞争中,"擒贼擒王"是商家经常使用的谋略之一。利用此计,重点要在"擒"什么"王"和怎样"擒王"上下功夫,即在抓主要矛盾、确定并攻取主要目标上下功夫。瑞士手表曾经长期独霸天下。1967年,日本人服部一郎出任第二精工舍社长,他认为要在世界手表市场上占据优势,必须敢于向世界"钟表大王"瑞士挑战,其实这也是"擒贼先擒王"的思想。他选择的主要目标是石英表的制造。当时,瑞士已在生产石英钟。服部一郎反复研究,终于找到了对手的主要问题:所产的石英钟体积过于庞大。如果能把衣柜一样大的石英钟缩小到像手表一样大,就一定能压倒瑞士表。第二精工舍用了3年时间,终于成功地研制出适合手表的集成电路——石英水晶振荡子和小纽扣式电池。这样，精工牌的石英手表便于1970年赶在瑞士之前在国际上首先问世。接着，第二精工舍又于1974年把液晶显示石英表投入市场。1980年，日本手表产量达8700万只，远远超过瑞士，其中3700万只出自精工集团。20世纪80年代，"精工"向瑞士这个"钟表大王"再次发起进攻，对瑞士展开了强有力的推销活动。"精工"不仅在实用的中档、高档手表领域里同瑞士较量，还在用钻石和宝石装饰的超高档手表领域里同瑞士较量。瑞士钟表业此时才大为震动，并组织力量进行反击。由于精工舍在经营体制和技术研究方面比瑞士灵活有力，在短期内，瑞士只好暂时容忍日本在钟表业的许多方面居于世界首位。

日本精工舍在表业同行竞争中，抓住瑞士钟表这个"王"，着力研发技冠群雄的先进产品，对瑞士钟表形成碾压之势，超越了对手。在销售领域，商家也要善于"擒王"，要抓住主要的消费人群，并针对他们的消费心理和需求，改进产品的质量、功能、式样和包装，以吸引顾客。一旦赢得这类消费群的认可，便不难进一步拓展市场了。

[小结] "攻战计"的制胜逻辑

"攻战计"，顾名思义，讲的是主动进攻情况下的计谋。在西方军事理论中，进攻是一种相对不利的作战方式。有三个主要原因：一是进攻一方通常容易受到防御一方的强力阻击，战损巨大；二是随着进攻作战向纵深推进，粮食弹药很难得到及时补充，部队作战能力不断衰竭；三是进攻作战往往容易受到道义上的谴责，不利于鼓舞军心士气。但是，要取得战争胜利，最终不得不用进攻的方式。然而，进攻作战要想克服不利因素，做到孙子所说的"攻其无备，出其不意"，就必须灵活地用计、用谋。于是《三十六计》的作者设计了六个步骤及六条计谋供人们参考。

第一步是战略侦察，了解敌人的部署。这就要采用"打草惊蛇"之计，即进攻之前，对可疑情况要侦察核实清楚，用计谋挑动对方暴露，待情况侦察清楚以后再采取行动。

第二步是制造借口，隐蔽自己的行动意图。不妨采用"借尸还魂"之计，借用人们以为早已失去价值的事物，掩盖自己的真实目的，以达到突发制人的目的。

第三步是调动敌人，使之陷于不利境地。形象地说，就是要"调虎离山"，利用自然条件使敌人陷入困境，再制造人为的假象去诱惑敌人就范，或想办法把敌人引出到对其不利的地形之后再歼灭。

第四步是驱使敌人，使其兵疲力竭。有效的办法是"欲擒故纵"，进攻作战不宜逼敌太紧，否则敌人就会反扑。最好是网开一面，让敌逃跑，则可以消减它的气势，待其体力消耗，意志消沉，溃不成军后再去擒获，就能不经血战而取得胜利。

第五步是战场惑敌，使敌人陷入混乱之中。"惑敌"可用"抛砖引玉"之计，用类似事物造成假象去诱惑敌人，使敌人懵懵懂懂地上当受骗。

第六步是夺取胜利，彻底打败敌人。这种情况下可采用"擒贼擒王"之计，摧毁敌人的中坚力量，擒获它的首领，以便瓦解它的整体，使其溃不成军。

以上六计，从战略侦察开始，通过巧立借口、调动敌人、驱使敌人等步骤，一步步为进攻行动做好了准备。展开攻击之后又进一步迷惑敌人，使之受骗上当，待力量受到削弱后，抓住敌人的要害予以致命一击。

　　市场竞争中也常常需要主动出击。企业进军市场的目的就是要占领市场、推销产品、赢得利润，在商场竞争中，只有主动进攻，才能抢时间、争速度、占市场、抓住并创造有利的商机。"攻战计"的六条计谋无疑可以为人们在商场竞争中提供一定的帮助。

四

慎行"混战计",
多方应对复杂情况

[篇题解析]

混战，就是在局势混乱情况下的战争。《孙子兵法·势篇》中有一句话很形象地描述了战场上的状态："纷纷纭纭，斗乱而不可乱也；浑浑沌沌，形圆而不可败也。"意思是说，战场上双方旌旗纷乱，人马混杂，互相冲杀，在这种混乱的情形下作战，将领一定要能使自己的军队整齐不乱；双方战车奔驰，尘土飞扬，敌我模糊不清、势态混沌不明，在这种情况下作战，将领要想办法使自己的阵形严整不乱，立于不败之地。对此，孙子提出的办法是："故善动敌者，形之，敌必从之；予之，敌必取之。以利动之，以卒待之。"其中包含三大招：一是制造假象迷惑敌人，敌人必定跟随假象奔跑，以致兵力分散，阵形大乱；二是给敌人一些小利诱惑，敌人必定拼命夺取，以致陷入不利境地；三是一旦假象迷惑和小利引诱产生作用，我方则集中兵力在预定的伏击地带打击敌人。

顾名思义，"混战计"就是针对这种战场常见现象定制的计谋。作者不仅继承了孙子的思想，而且有所发展，进一步提出了六条计谋。基本思想是"斗乱而不可乱"，乱中取胜。作者强调在混乱的战场上，应当用计、用谋制造敌方的混乱，并灵活抓住时机，迅速出击，乱中取胜。同时，要想方设法保持自己一方思路不乱，阵形不乱，行动不乱。

在混乱纷繁、变幻莫测的商场竞争中，企业家们要头脑清醒，思维敏捷，行动迅速，善于利用市场矛盾，抓住市场机遇，尽快抢占市场，提高市场占有率。只有这样，才能在竞争中站稳阵脚，节节胜利。

第十九计　釜底抽薪

【原文】

不敌其力，而消其势，兑下乾上之象。

[按语] 水沸者，力也，火之力也。阳中之阳也，锐不可挡；薪者，火之魄也，即力之势也。阳中之阴也，近而无害。故力不可挡而势犹可消。尉缭子曰："气实则斗，气夺则走。"而夺气之法，则在攻心。

昔吴汉为大司马，尝有寇，夜攻汉营。军中惊扰，汉坚卧不动。军中闻汉不动，有顷乃定。乃选精兵夜击，大破之。此即不直挡其力而扑消其势力。

宋，薛长儒为汉州通判。戍卒开营门，放火杀入，谋杀知州、兵马监押。有来告者，知州、监押皆不敢出。长儒挺身出营，谕之曰："汝辈皆有父母妻子。何故作此？然不与谋者，各在一边。"于是不敢动。惟本谋者八人突问而出，散于诸村野，寻捕获。时谓非长儒，则一城涂炭矣。此即攻心夺气之用也。

或曰：敌与敌对，捣强敌之虚，以败其将成之功也。

【译文】

不直接攻打敌人的主力，而是削弱敌人的气势。可以运用以柔克刚之法去扭转战局。

[按语] 锅水沸腾，是靠一种力量，亦即火力。星星之火，

可以燎原，迅猛而不可挡。柴草是火之灵魂，是发火之基础，其中蕴藏着极大的能量。但是，柴草本身却不凶暴，触动它也不会受到伤害。所以，强大的力量虽然无法阻遏，但从气势上使其自行瓦解的妙策，还是存在的。尉缭子说："士气旺盛就向敌进攻，士气低沉就退出战斗。"削弱敌军士气之法，就在于攻心。

东汉初年，吴汉任大司马时，遇敌夜袭军营。当时整个部队出现混乱，而吴汉却一动不动，若无其事地躺在床上。士兵听说主帅这样坚毅沉着，很快就恢复了平静。这时，吴汉抓住战机立派精锐部队乘夜反击，很快击退敌人。这便是不经激战，而用计谋削减敌方气势的方法。

北宋，薛长儒任汉州通判时，有一次守城部队一些士兵忽然发生叛乱，打开营门到处放火，还企图杀害知州和兵马监押。知州和监押闻知，都不敢出门。这时，薛长儒挺身而出，告诫叛兵说："你们都有父母妻子，为何却做出这等事来？凡是并非主谋者，都站到另一边来！"于是那些随和者都站立一边不动，只有首犯八人逃出营门，潜伏在城外小村里，不久也都被捕获。当时人人都说："如果没有薛长儒，则全城都要遭受劫难了。"这也是打击其士气、瓦解其斗志的又一成功实例。

有人说："乘两敌正在火并时，我军出其不意直攻强敌的薄弱环节，以破坏其即将获胜的战机。"这也是釜底抽薪谋略的运用。

【精要新解】

俗话说，处处留心皆学问。的确如此。日常生活中司空见惯的现象常常蕴藏着深刻的哲理，等待着人们去发现、去认识。

我们的先人们就曾经在炉灶前悟出了一个从根本上解决矛盾的办法,并将之熔炼为"釜底抽薪"这一成语。

如果追根溯源,这一成语曾见于西汉名著《淮南子》。其《精神训》一卷中说:"故以汤止沸,沸乃不止,诚知其本,则去火而已矣。"这段话形象地说明,当锅中的开水翻滚时,如果只是加上点汤水,是不可能停止沸腾的,要知道其根本在于炉灶中的火焰,因此,只要抽出柴火就足矣了。后来,人们将这一意思概括为四个字,即"釜底抽薪"。"釜",指烧汤的锅;"薪",即柴草。用抽出锅底下的柴火,比喻从根本上解决问题。

战争是人类矛盾达到白热化的表现,有时为了解决问题也需要采取"釜底抽薪"的办法,所以《三十六计》将其列为第十九计。作为军事计谋,"釜底抽薪"不是一个简单的动作,而是一条思路,一种可以不断翻新的办法。正如第十九计的解释所说:"不敌其力,而消其势,兑下乾上之象。"这里的"敌",是动词,意为攻打。"力",指最坚强的部位。"势",即气势。"兑下乾上"是《易经》中的词语。《易经》六十四卦中,《履卦》为"兑下乾上",兑为阴卦,代表柔;乾为阳卦,代表刚。兑在下,从循环关系和规律上说,下必冲上,于是出现"柔克刚"之象。那么,全句的意思是说,两军对垒,不要直接与对手拼实力,而要设法削弱敌人的气势。这就是《易经·履卦》所讲的以柔克刚的道理。

运用此计,关键在于两个步骤:一是要找到"薪"——敌人的要害所在,这是主要矛盾,是决定胜负的根本因素;二是要利用这个要害,即抓住敌人的弱点来对付敌人,使其由优势变为劣势,从而达到取胜的目的。

古今中外军事上采用"釜底抽薪"计谋取得胜利的战例很多。中国古代兵家运用"釜底抽薪"之计，常在粮饷问题上做文章。公元前 154 年，西汉名将周亚夫就曾经运用此计做过一篇漂亮的文章。

这一年，吴王刘濞串通楚汉等七个诸侯国，联合发兵叛乱。他们首先攻打忠于汉朝的梁国。这时，梁国派人向朝廷求援，说刘濞大军攻打梁国，我们损失了数万人马，已经抵挡不住了，请朝廷急速发兵救援。汉景帝命令周亚夫发兵去梁国解危。周亚夫说，刘濞率领的吴楚大军，素来强悍，如今士气正旺。我与他们正面交锋，恐怕难以取胜。汉景帝问周亚夫准备用什么计谋击退敌军。周亚夫说，他们出兵征讨，粮草供应特别困难，我们如能断其粮道，敌军定会不战自退。景帝认为他言之有理，便同意了这一方案。于是，周亚夫派重兵抢占战略要地荥阳，然后分两路袭击敌军后方：派一支部队袭击吴、楚供应线，断其粮道；自己亲自率领大军袭击敌军后方重镇冒邑。

周亚夫占据冒邑后，下令加固营寨，准备坚守。刘濞闻报大惊，想不到周亚夫根本不与自己正面交锋，却迅速抄了自己的后路。他立即下令部队迅速往冒邑前进，攻下冒邑，打通粮道。刘濞数 10 万大军气势汹汹，扑向冒邑。周亚夫避其锋芒，坚守城池，拒不出战。敌军数次攻城，都被城上的乱箭射回。刘濞无计可施，数十万大军驻扎城外，粮草消耗殆尽。双方对峙了几天，周亚夫见敌军已数天饥饿，士气衰弱，便调集部队突然发起猛攻。精疲力竭、忍饥挨饿的叛军不战自乱，刘濞落荒而逃，在东越被杀。

这个战例告诉人们：在进行对策思考时，要避免那种头痛医头、脚痛医脚的直线性思维方式，而应当采取周亚夫那种"不敌其力，而消其势"的迂回路线。

在当代商业竞争中，经营者常常会碰到猛烈进攻的竞争者，态度强硬的谈判对手，难以说服的客户或消费者，等等。他们对经营者来说，都是不好应付的对手。采取"釜底抽薪"之计，就可从根本上制服对手。

1982年2月，我国一家电缆厂和美国一家公司进行了一次关于购买生产无氧铜杆主机组合炉的谈判。谈判中，美商报价218万美元，中方代表以有关资料据理力争，把价格压到128万美元，并打算进一步压低价格。可美方代表却不肯再让步了："如此低的价格你们中方还不满足，看来你们没有诚意。我们明天回国，买卖不做了。"中方代表也毫不客气地说："你们设备的价格究竟应该是多少，你我心中清楚。既然你们不愿意做，那就算了。"美商第二天真的回国了。可是没过几天，他们又主动回来了。这回美商把价格主动降到118万美元，并声称："我们这一次已经把价格压到最低限度了，再压就赔了。"这时，中方代表不慌不忙地给美商出示了在国外查到的两年前美商以98万美元卖给匈牙利一台组合炉的资料，说："你们的底细我们都清楚，希望不要再绕圈子了。"见到这份资料，美商知道难以再糊弄下去，只好说："现在物价上涨了。""可是美国同类产品价格指数的涨幅每年不到百分之六，怎么也涨不到你说的数呀！"中方代表毫不相让，及时出示有关材料，使美商的高报价顿时失去依据。最后，这笔交易终于以108万美元成交。显然，这次谈判的成功，与中方代表事先掌握美方底牌，恰当运用"釜底抽薪"之计有着直接的关系。

第二十计　浑水摸鱼

【原文】

乘其阴乱，利其弱而无主，随，以向晦入宴息。

［按语］动荡之际，数力冲撞，弱者依违无主；敌蔽而不察，我随而取之。《六韬》曰："三军数惊，士卒不齐，相恐以敌强，相语以不利。耳目相属，妖言不止，众口相惑。不畏法令，不重其将：此弱征也。"是"鱼"，混战之际，择此而取之。如刘备之得荆州、取西川，皆此计也。

【译文】

乘敌人内部发生混乱，利用其力量薄弱而无主见之机，使其随从我，就像人到夜晚非进寝室休息不可。

［按语］在动荡不稳的局势中，总是有几种相互冲突的力量同时存在。弱小者联谁与反谁的态度都没有确定，敌方蒙蔽而没有觉察，我方则应毫不犹豫地随手夺取他们。兵书《六韬·兵征》写道："全军多次出现恐慌，军心不稳。又因过高估计敌情而心怀惧怕。互相传闻，说泄气话。谣言四起，听信假话。不畏军令，也不尊重将帅。这些都是怯弱的征象。"这样的目标就是"鱼"，应乘混乱之机顺手取得。刘备之所以能取得荆州与西川，都是因为施用了这一妙计。

【精要新解】

《三国演义》第五十一回中有一个极富斗智斗勇色彩的故事，说的是诸葛亮智取南郡的精彩一幕。

赤壁大战之后，为了防止孙权北进，曹操派大将曹仁驻守南郡（今湖北公安县）。这时，孙权、刘备都在打南郡的主意。周瑜因赤壁大战，气势如虹，下令进兵，攻取南郡。刘备也把部队调到油江口驻扎，窥视南郡。周瑜自恃势力强大，为了慑止刘备夺取南郡的企图，亲自造访刘备军营。在酒席之中，周瑜单刀直入地问刘备驻扎油江口是不是要取南郡？刘备按诸葛亮事先设计的方案回答说："听说都督要攻打南郡，特来相助。如果都督不取，那我就去占领。"周瑜大笑，说："南郡指日可下，如何不取？"刘备则来了个激将法，说："都督不可轻敌，曹仁勇不可当，能不能攻下南郡，话还不敢说。"

周瑜一贯骄傲自负，听刘备这么一说，很不高兴，脱口而出："我若攻不下南郡，就听任豫州（刘备）去取。"刘备盼的就是这句话，马上说："都督说得好，子敬（鲁肃）、孔明都在场作证。我先让你去取南郡，如果取不下，我就去取。你可千万不能反悔啊。"周瑜一笑，哪里会把刘备的话放在心上。

周瑜离开刘备军营之后，随即发兵，首先攻下彝陵（今湖北宜昌），然后乘胜攻打南郡，不想却中了曹仁的诱敌之计，周瑜中箭而返。曹仁见周瑜中了毒箭，非常高兴，每日派人到周瑜营前叫战。周瑜只是坚守营门，不肯出战。一天，曹仁亲自带领大军，前来挑战。周瑜带领数百骑兵冲出营门大战曹军。开战不多时，忽听周瑜大叫一声，口吐鲜血，坠于马下，被众将救回营中。原来，这是周瑜定下的欺骗敌人的计谋，一时外界传出周瑜箭疮大发而死的消息。周瑜营中还奏起哀乐，士兵们都戴了孝，曹仁闻讯，大喜过望，当天晚上便亲率大军劫营。曹仁大军趁着黑夜冲进周瑜大营，只见营中寂静无声，空无一人。曹仁情知中计，急忙退兵，但是已经来不及了。只听一声炮响，周瑜率兵从四面八方杀出。曹仁好不容易从包围中冲出，退返南郡，又遇东吴伏兵阻截，只得往北逃去。

周瑜大胜曹仁，立即率兵直奔南郡，却见南郡城头布满蜀军旌旗。原来赵云已奉诸葛亮之命，乘周瑜、曹仁混战之时，轻易地攻取了南郡。而且，诸葛亮还利用缴获的兵符，连夜派人冒充曹仁求援，轻易地诈取了荆州、襄阳。周瑜自知上了诸葛亮的当，气得昏了过去。

对于这个故事，人们可以从多个角度分析其中的计谋，《三十六计》的作者则认为它典型地反映了"浑水摸鱼"的特点，因而将之列为第二十计，即"浑水摸鱼"之计。那么，何谓"浑水摸鱼"呢？作者在解语中解释说："乘其阴乱，利其弱而无主。随，以向晦入宴息。"意思是说，趁敌人内部混乱之机，利用敌人力量虚弱而无主见的时机，使敌人听从我指挥。这就像人们顺应天时变化，到了晚上一定要进屋休息一样。这正是《易经·随卦》中所说的道理。

从诸葛亮智取南郡的故事中可以看出，运用此计要掌握两个要点：一是要"制乱"，如刘备刺激周瑜，使对方混乱，给自己创造可乘之机。二是要"乘乱"，如赵云乘机进占南郡，抓住敌人混乱之机，断然出手。机不可失，时不再来。如果有可乘之机而未及时采取相应措施，则会使对手有时间调整部署。

"浑水摸鱼"一词，表面上看似乎意思很简单。如果仔细品味其解语，就会发现个中谋略并不简单。"乘其阴乱"，并不是等到对方混乱再出手，更深层次的内涵是主动制造对方的混乱，使对方乱上加乱，然后再乘乱出击。

在日常生活中，这一成语应用比较广泛，但人们多取其贬义,即比喻制造混乱以攫取不正当的利益。之所以有如此浓厚的贬义色彩,恐怕还是由于社会生活中客观上存在这类现象。目前市场上确有一些不法商人及企业采用"浑水摸鱼"之计,生产和经营假冒产品,他们利用市场竞争混乱的情况,以假乱真,以次充好,乱中取利。据巴黎国际商会估计,每年仿冒商品销售额高达1000亿美元。

正直的企业家采用"浑水摸鱼"之计,是利用混乱局势中隐含的有利因素,或者采取灵活措施把混乱局势中的不利因素转化为有利因素,而加以利用。例如,印尼的华裔企业家林绍良就是这样的高手。他是一位在战乱中起家的商界巨富,被誉为"乱世英才"。他所创立的林氏王国总资产达百亿美元,涉及70多个行业,遍及欧美亚非四大洲。

20世纪中叶,林绍良所处的时代战乱连绵,他从福建来到印尼逃避战乱,但印尼战火也在蔓延。他仔细观察市场、社会及战争情况,终于从战乱中发现了一线可乘之机——丁香运输。印尼的香烟制造业无丁香不可,战争也使香烟的需求有增无减,因此丁香的高额利润没有任何东西能比。林绍良为丁香运输找到了一个保护伞,即进行独立战争的印尼游击队。他支援了苏哈托领导的游击队,反过来在游击队和苏哈托的支持下,林绍良的丁香生意也少了许多后顾之忧,游击队多次帮助他的运输车队通过战火纷飞的封锁线,有时甚至帮助林绍良武装押运丁香。等到战争结束,不名一文的林绍良已成为百万巨富。1995年,由他创立的三林集团,总资产高达184亿美元,并长期雄踞世界华人首富的宝座。

第二十一计　金蝉脱壳

【原文】

存其形，完其势，友不疑，敌不动。巽而止蛊。

［按语］共友击敌，坐观其势。倘另有一敌，则须去而存势。则金蝉脱壳者，非徒走也，盖为分身之法也。故我大军转动，而旌旗金鼓，俨然原阵。使敌不敢动，友不生疑。待以摧他敌而返，而友敌始知，或犹且不知。然则金蝉脱壳者，在对敌之际，而抽精锐以袭别阵也。

【译文】

保持阵地的原形和作战的态势，使友军不怀疑，敌人也不敢轻易进犯，而我军却在敌方困惑之中秘密地转移主力。

［按语］同友军联合作战，要仔细察明敌、友、我三方面的态势。如果另外又发现敌人，必须保持原有阵势而分兵对敌。使用金蝉脱壳之计，并非一走了之，而是分兵合击战胜敌军的法术。因而，我方主力转移之后，仍要旗帜招展、锣鼓齐鸣，以保持原来之阵势。这样，就使敌军不敢随意妄动，而友军也不会怀疑。等到击溃别处之敌胜利而返，友军和敌人才能发现，或是仍然没有察觉。金蝉脱壳之计，是对敌作战时，暗中抽调精锐部队去突然袭击别处敌军的奇谋。

【精要新解】

金蝉，即夏天在树上欢叫的"知了"。它在变为成虫时，要脱去幼虫的壳，但形体却保持不变。人们把这一过程概括为"金蝉脱壳"，并借以比喻用计逃脱而使对方不能立即发觉。

四、慎行"混战计",多方应对复杂情况

"金蝉脱壳"作为成语由来已久。最初成于何时,难以考证。但至少在元代就已常见了。如关汉卿的折子戏《谢天香》中有:"便使尽些伎俩,千愁断我肚肠,觅不得个脱壳金蝉这一个谎。"元代无名氏的折子戏《朱砂担》中也有这么一句:"他倒做个金蝉脱壳计去了。"而真正解释其含义的还是《三十六计》。

《三十六计》第二十一计,即为"金蝉脱壳"。其解语中解释说:"存其形,完其势;友不疑,敌不动。巽而止蛊。"其中的"巽而止蛊",出自《易经·蛊卦》。"巽",表示伏;"蛊",表示毒害。全句的意思是:保持阵地的原来形态,装作还在原地防守的样子,使友军不怀疑,敌人不敢轻举妄动,贸然进犯。这就是《易经·蛊卦》所说的,隐蔽自己的企图,迷惑对手,趁机转移的道理。

运用此计,关键是一个"脱"字。在形势不利时,坚决转移,及时脱身;在转移时要巧妙伪装,稳住敌人。显然,这种"脱"绝不是惊慌失措,消极逃跑,而是一种分身术,稳住对方,使自己脱离险境。

三国时期,诸葛亮六出祁山,北伐中原,但一直未能成功,最终在第六次北伐时,积劳成疾,在五丈原病死于军中。为了不使蜀军在退回汉中的路上遭受损失,诸葛亮在临终前向姜维密授退兵之计。姜维遵照诸葛亮的吩咐,在诸葛亮死后,秘不发丧,对外严密封锁消息。他带着诸葛亮的灵柩,秘密率部撤退。司马懿派部队跟踪追击蜀军。姜维命工匠仿诸葛亮模样,雕了一个木人,羽扇纶巾,稳坐车中。并派杨仪率领部分人马大张旗鼓,向魏军发动进攻。魏军远望蜀军,军容整齐,旗鼓大张,又见诸葛亮稳坐车中,指挥若定,不知蜀军又要什么花招,不敢轻举妄

动。司马懿一向知道诸葛亮"诡计多端",又怀疑此次退兵乃是诱敌之计,于是命令部队后撤,观察蜀军动向。姜维趁司马懿退兵的大好时机,马上指挥主力部队,迅速安全转移,撤回汉中。等司马懿得知诸葛亮已死,再进兵追击,为时已晚。

假诸葛之说虽是《三国演义》中虚构的情景,但活脱脱地反映了"金蝉脱壳"的谋略思路。

"金蝉脱壳"一般是指通过伪装欺骗蒙蔽敌人,撤退或转移,实现我方战略目标的谋略。在敌我力量对比悬殊的情况下,不能与对手死打硬拼,必须巧设疑阵,用计脱身,暗中转移力量,在不利态势下有效保存自己,方可另觅破敌良机。显然,此计的核心在于"脱"。"脱",并非惊慌失措,消极逃跑,而是存其形,去其实,"走而示之不走",稳住敌人,脱离险境。布置好惑敌之"壳",是此计能否成功的关键。用假动作迷惑敌人,才能隐蔽自己"走"的真实意图。

企业在陷入困境时,不能一条道走到黑,必须想方设法"脱壳",否则难免撞得头破血流。所以当企业经营遇到困难,需适时地转产,资产重组,以摆脱困境,另谋出路。这就是运用"金蝉脱壳"之计使企业得到新生的具体体现。再进一步说,企业在顺境中,同样不能墨守成规,以一成不变的方式进行运作,而要及时转换经营重点及经营方式,适应新的形势,使企业像脱壳的金蝉,获得新的生机、新的生长点。

例如,中国通化东宝集团,它下属的制药厂在20世纪80年代生产的新型保健药"鲜人参王浆",曾经成为人们争相采购的抢手货,"中国通化东宝集团"的牌子也由此打响。后来,各类滋补保健品风靡全国。为了集团的长期生存和发展,董事长及时作出决定,转产治疗药物。他不惜投入上百万元的研制费和广告费，把"镇脑宁"等新型治疗药推上市场。当滋补保健品在市场节节败退时，该集团"镇脑宁""肝脂消""东宝肝泰片"等新药，却以其独特疗效畅销于全国，并进一步销往印尼、马来西亚、新加坡、澳大利亚等国家。

相比之下，另一种"金蝉脱壳"之计则是必须坚决防止的，那就是采用国家政策法规允许的形式，偷换其内容，坑害国家和人民，牟取私利。例如，现在国家允许一些企业实行破产，有的企业就申请破产，以逃脱其向银行和投资者历年所欠的成百上千万元的债务，等把这些"包袱"甩掉后，再改换名称，在原址，用原班人马，重操旧业。这种弄虚作假的做法，破坏金融秩序，破坏社会经济稳定，是祸国殃民的。这显然属于恶意使用"金蝉脱壳"之计，人们应当对此提高警惕。

第二十二计　关门捉贼

【原文】

小敌困之。剥，不利有攸往。

［按语］捉贼而必关门者，非恐其逸也，恐其逸而为他人所得也。且逸者不可复追，恐其诱也。贼者，奇兵也，游兵也，所以劳我者也。《吴子》曰："今使一死贼，伏于旷野，千人追之，其不枭视狼顾。何者？恐其暴起而害己也。是以一人投命，足惧千夫。"追贼者，贼有脱逃之机，势必死斗；若断其去路，则成擒矣！故小敌必困之；不能，则放之可也。

【译文】

对弱小之敌要加以包围歼灭。对垂死挣扎之敌，如果放其逃去而又穷追远赶,那是非常不利的。

[按语]捉贼时必须关门,不仅是为了防其逃走,而且还怕其逃走后反为别人所用。如果敌人逃脱万不可再追,防止中其诱兵之计。所谓贼者,是指突然来袭、出没无常的敌人,他们的目的在于疲惫我军,以便实现其企图。兵书《吴子》写道:"现在让一个亡命之徒,隐藏在旷野,纵然派出千人追捕,也会十分困难和顾虑重重的。这是为什么?因为追捕的人怕遭遇突然袭击而受到伤害。因而,只要一人豁出命来,就会使一千余人畏缩不前。"追赶盗贼时,如果盗贼发现有脱逃之机,就会拼死格斗;如果能断其去路,那么,盗贼必定会被捉住。所以,对弱小之敌,必须包围歼灭;如果不能围歼,暂时放其逃走也未尝不可。

【精要新解】

战争没有一成不变的法则,没有僵死的教条,一切都必须根据具体情况而变化。所以,《孙子兵法》中讲"围师必阙",而《三十六计》中则说"关门捉贼"。一个虚留缺口,一个不留缝隙,二者大相径庭。然而,二者并没有谁对谁错的问题,一切取决于如何根据战场实际情况而灵活运用计谋。

那么"关门捉贼"适用于什么样的情况呢?从字面上来看,它的基本意思是说,发现窃贼到自己家里偷窃东西,要关起门来,断其退路,以防止盗贼逃走。也就是俗语所说的"关门打狗"。用在军事上,关起门来所捉之贼,显然是指敌人。《三十六计》第二十二计的计名即为"关门捉贼"。此计的解语进一步解释说:"小敌困之。剥,不利有攸往。""小敌困之",即对弱小或者数量较少的敌人,要设法去围困他。"剥,不利有攸往",

语出《易经·剥卦》。"剥",为卦名,剥离的意思。把这些关键词语联系起来,我们不难看出"关门捉贼"适用于这样一种情况,即面对弱小的敌人时,要即时围困消灭它。正如《易经·剥卦》所说,如果让敌人逃走再去穷追远赶,那是很不利的。唐朝末年,黄巾起义军重新夺占长安的故事可谓运用此计的典范。

公元880年,黄巢率领起义军攻克唐朝都城长安。唐僖宗仓皇逃到四川成都,并请沙陀李克用出兵攻打起义军。第二年,唐军部署完成,企图出兵收复长安。凤翔一战,起义军被唐军击败。这时,唐军声势浩大,乘胜进兵,直逼长安。

黄巢见形势危急,召众将商议对策。众将分析了敌众我寡的形势,认为不宜硬拼。黄巢当即决定部队全部退出长安,往东开拔。

唐朝大军抵达长安,不见黄巢迎战,好生奇怪。先锋程宗楚下令攻城,气势汹汹杀进长安城内,才发现黄巢的部队已全部撤走。唐军毫不费力地占领了长安,众将欣喜若狂,纵容士兵抢劫百姓财物。士兵们纪律松弛,经常三五成群骚扰百姓。长安城内一片混乱。唐军将领也被胜利冲昏了头脑,整日饮酒作乐,欢庆胜利。

黄巢派人打听城中情况,高兴地说:敌人已入瓮中。当天半夜时分,急令部队迅速回师长安。唐军沉浸在胜利的喜悦中呼呼大睡。突然,神兵天降,起义军以迅雷不及掩耳之势,冲进长安城内。程宗楚从梦中醒来,只见起义军已冲杀进城,唐军大乱,无法指挥,最后他在乱军中被杀。黄巢就这样用"关门捉贼"之计,重新占据了长安。

从这一战事中,我们可以看出运用"关门捉贼"之计关键要注意两点：一要善于诱敌入门，或请君入瓮。所诱之敌，既可以是弱敌，也可以是强敌，关键要使敌人处于不利的地形或不利的状态。黄巢让出长安，既是为了避敌锋芒，也是为了诱敌松懈。二要善于集中兵力。毛泽东十分擅长运用"关门捉贼"之计，在辽沈战役中，人民解放军就地歼灭国民党军队，就是因为成功地运用了这一计谋。

1948年秋，辽沈战役在东北地区拉开序幕，国民党55万军队龟缩在长春、沈阳、锦州三个地区，毛泽东和中央军委指示东北野战军先打东北通向华北的咽喉——锦州。这样关起东北大门，便形成"关门打狗"之势，又可调动沈阳、长春之敌，便于人民解放军各个歼灭敌军。运用此计，辽沈战役历时52天，歼敌47万，解放了东北全境，取得"三大战役"的第一个胜利。

第二十三计　远交近攻

【原文】

形禁势格，利从近取，害以远隔。上火下泽。

［按语］混战之局，纵横捭阖之中，各自取利。远不可攻，而可以利相结；近者交之，反而使变生肘腋。范雎之谋，为地理之定则，其理甚明。

【译文】

凡是军事目标受到不利地形影响时，利于先攻取邻近之敌，不利于跨国去攻击远隔之敌。火焰是向上燃烧的，河水是向下奔流的。同是敌国，对策却各有不同。

四、慎行"混战计",多方应对复杂情况

［按语］在混乱的局势中,交战各方为了自己的利益都会合纵连横,远交近攻。一般说来,对远处之敌不可进攻,不如给些好处,与其缔结友好关系。然而,对邻近敌国则不可妄用此策,如果也与其结交,反会受到致命的威胁。战国时,范雎所运用的谋略,就是以地理远近为根据,作为结交或进攻的出发点,其中的道理是十分明显的。

【精要新解】

军事上有时会遵循一个原则,即注重睦邻友好,避免左右树敌。然而,也有相反的情况,那就是从近处开刀。《三十六计》第二十三计"远交近攻",就是这么一种计谋。其具体含义是:"形禁势格,利从近取,害以远隔。上火下泽。""形禁势格"中的"禁",即禁止;"格",即阻碍;句意为受到地势的限制和阻碍。"上火下泽",语出《易经·睽卦》,意为火往上升,水往下流,水火不相容。但对立的东西又有统一的一面。志趣虽然不同,也可以暂时联合。全句的意思是说,当受到地理条件的限制时,攻取自己附近的敌人就有利,攻击远处的敌人就有害。这就是《易经·睽卦》所指出的,虽然同是敌人,水火不容,但可以暂时联合一方,以利于各个击破。其实,近邻消灭后,远交之国也就成了近邻,"远交近攻"又有了新的起点。

尽管《三十六计》的作者对这一成语解释得相当透彻,但是他并不是原创者。"远交近攻"作为成语,最早始于《战国策·秦策》。

战国末期,七雄争霸。秦国经商鞅变法之后,势力发展最快。秦昭王开始图谋吞并六国,独霸中原。公元前270年,秦昭王准备兴兵伐齐。范雎此时向秦昭王献上"远交近攻"之策，反对攻齐。他说：齐国势力强大，离秦国又很远，攻打齐国，部队要经过韩、魏两国。军队派少了，难以取胜；多派军队，打胜了也无法占有齐国土地。不如先攻打邻国韩、魏，逐步推进。秦昭王采纳了这一计策。为了防止齐国与韩、魏结盟，秦昭王派使者主动与齐国结盟。其后四十余年，秦始皇继续坚持"远交近攻"之策，远交齐、楚，首先攻下韩、魏，然后又从两翼进兵，攻破赵、燕，统一北方；接着挥师南下，攻破楚国，平定南方；最后把齐国也收拾了。秦始皇征战十年，终于实现了统一中国的愿望。这一愿望的实现，无疑在一定程度上得益于秦国前期"远交近攻"战略的正确运用。此后，"远交近攻"便作为一个成语流传开来了。

第二次世界大战中，德国法西斯也曾运用这一策略，先后使不少欧洲国家上当受骗。

当时，妨碍德国称霸欧洲的主要对手是英、法和苏联。英法在德国的西面，苏联在德国的东面。希特勒尽管野心勃勃，但还不具备两线同时开战的力量，只能各个击破。于是，他利用一些国家的绥靖政策，开展一系列政治外交欺骗活动，分化瓦解欧洲各国，实行"远交近攻"策略，使苏、英、法等国对德国法西斯的侵略行径采取观望态度，这就使得德军能够从容地从波兰开刀，尔后逐个进攻丹麦、挪威、比利时、荷兰、卢森堡和法国。当德国法西斯将"近攻"的北欧和西欧各国一一踩在脚下后，又迅速将打击目标指向了"远交"的英国和苏联。正义终将战胜邪恶。德国法西斯最终在全世界正义力量的打击下彻底失败了，然而希特勒"远交近攻"的策略，值得我们深思。

四、慎行"混战计",多方应对复杂情况

第二十四计　假道伐虢

【原文】

两大之间,敌胁以从,我假以势。困,有言不信。

[按语]假地用兵之举,非巧言可诳。必其势不受一方之胁从,则将受双方之夹击。如此境况之际,敌必迫之以威,我则诳之以不害,利其幸存之心,速得全势。彼将不能自阵,故不战而灭之矣。

【译文】

处在敌我两个大国中间的小国,当敌方用武力威胁其存在的时候,我方要借机出兵援救,并把力量扩展进去。对于面临他人胁迫的国家,只有口头许诺,而没有实际行动,就不会赢得他们的信任。

[按语]假道用兵的行动,并非靠花言巧语所能欺骗的。这个国家必须处于这么一种境地,如果不是受来自一方的威胁,就是要受到双方的夹击。在这种情况下,假若敌人以武力相逼,我方就应以不侵犯其利益为诱饵,利用其侥幸图存的心理,迅速把力量扩展进去,控制全局。这样,其势必失去自主权。所以,未经战斗就能对其进行全部控制。

【精要新解】

"假道伐虢",语出《左传·僖公二年》。春秋时期,晋国想吞并邻近的两个小国虞和虢。这两个国家之间关系不错。晋若攻虞,虢会出兵救援;晋若攻虢,虞也会出兵相助。大臣荀息向晋献公献上一计。他说,要想攻占这两个国家,必须要离间他们，使他们互不支持。虞国的国君贪得无厌，我们正可以投其所好。他建议晋献公拿出两件心爱的宝物，屈产良马和垂棘之璧，送给虞公。献公哪里舍得？荀息说：大王放心，只不过让他暂时保管罢了，等灭了虞国，一切不都又回到你的手中了吗？献公依计而行。

虞公得到良马美璧，高兴得合不拢嘴。晋国故意在晋、虢边境制造事端，找到了伐虢的借口。晋国要求虞国借道让晋国伐虢，虞公得了晋国的好处，只得答应。虞国大臣宫子奇再三劝阻虞公，虞、虢两国，唇齿相依，虢国一亡，唇亡齿寒，晋国是不会放过虞国的。虞公却说，交一个弱朋友却得罪一个强有力的朋友，那才是傻瓜！

晋大军穿过虞国，攻打虢国，很快就取得了胜利。班师回国时，把劫夺的财产分了许多送给虞公，虞公更是大喜过望。晋军大将里克，这时装病，称不能带兵回国，暂时把部队驻扎在虞国京城附近。虞公毫不怀疑。几天之后，晋献公亲率大军前往，虞公出城相迎。献公约虞公前去打猎，不一会儿，只见京城中起火。虞公赶到城外时，京城已被晋军里应外合强占了。就这样，晋国又轻而易举地灭了虞国。

"假道伐虢"，又叫"假途伐虢"，或"假途灭虢"。"假道"，就是借路。这一成语现在泛指以借路为名，行侵略之实。

在《三十六计》中，"假道伐虢"列为第二十四计。其具体含义略微有些变化。此计的解语中说："两大之间，敌胁以从，我假以势。困，有言不信。"其中的"困，有言不信"，语出《易经·困卦》，意为处在困乏境地之时，不轻易相信别人，故有言不信。全句的意思是说，当处于敌我两大势力之间的一股弱小势力受到敌人威胁，以迫使他屈从时，我应借机出兵前往救援，并借机将自己的势力渗透进去。这就是《易经·困卦》所说的，对于困境的国家，只有口头许诺而不采取实际行动，是难以得到他的信任的。

显然，这里说的不是借甲地攻乙地式的"假道伐虢"，而是强调在两个强敌之间，如何借弱小之敌惊恐不定之机，出兵将其一举攻占。虽然意思略有差别，但实质是一致的，都要求寻找借口，不露声色地夺取既定的目标。法国大军事家拿破仑就曾经用过这一手法。

1806年11月，拿破仑颁布"大陆封锁令"，封锁英国和欧洲大陆的贸易，但西班牙和葡萄牙拒不执行。于是拿破仑决定率军越过比利牛斯山，征服这两个国家。为了使征服计划得以顺利进行，拿破仑采取了类似于"假道伐虢"的手段。1807年7月，他首先同西班牙首相戈多伊谈判。戈多伊既是西班牙国王的宠臣，又是王后的情人，实际操纵着西班牙的统治大权。谈判的结果是法军取得了通过西班牙领土的权力，其条件是与西班牙共同瓜分葡萄牙，其中一部分作为戈多伊个人的酬劳。尔后，拿破仑写信给西班牙国王说："过去十六年来，葡萄牙的行为完全是一个无耻的英国附庸，里斯本港口对于他们而言，也就变成了一个取之不尽的宝库。现在封锁里斯本和阿波托两个港口正是时候。我预计朱诺将军的军队在11月1日可抵达布尔戈斯，可以与陛下的兵力会合，那时我们就能用武力占领里斯本和整个葡萄牙。事后我会与陛下共同商讨葡萄牙的处置问题，但无论如何宗主权一定是属于你的。"不久，拿破仑正式向葡萄牙宣战，轻而易举地占领了葡萄牙。此时，拿破仑毫不犹豫地撕毁了与西班牙国王签订的和约，命令借道进攻葡萄牙的十几万大军分头占领西班牙的各个战略要地，并将西班牙国王、王后及重要大臣骗至法国巴黎,以保护他们的名义剥夺了他们的权利。1808年5月,拿破仑正式任命自己的哥哥约瑟夫为西班牙国王,实际上颠覆了西班牙波旁王朝。

[小结] "混战计"的制胜逻辑

"混战计",大致研究的是战场局势混乱的情况下所应该用的计谋。从这套计中六条计谋的内容上看,这里所说的"混战",不是说双方搅在一起的混战,而是指敌人处于混乱时候的战法。通常,对敌作战,当敌方处于混乱状态时,我方就应抓住时机,迅速出击,乱中取胜。尽管敌方处于混乱状态,也不宜直接对其猛冲猛打,那样反而有可能促使其冷静,集中兵力应对我方的攻击。正确的做法是运用一系列计谋,加剧敌军的混乱,制造有利的战机,然后再果断出击。为达成这种效果,《三十六计》的作者提出六个步骤及六条相应的计谋。

第一步是削弱敌人的军心士气或物资基础,引起敌人内部的混乱。为此,可采用"釜底抽薪"之计。不要直接与对手拼实力,而应避开敌人的锋芒,设法削弱他的气势,为以柔克刚创造有利的条件。

第二步是营造有利态势,加剧敌人的混乱。"混水摸鱼"之计适合于这种情况。趁敌人内部混乱之机,利用敌人力量虚弱而无人主事的时机,使敌人听从我指挥。

第三步是巧妙机动,隐蔽地展开布势。这就要采用"金蝉脱壳"之计。表面上保持阵地的原来形态不变,装作还在原地防守的样子,暗中却转移自己的主力,使友军不产生任何怀疑,敌人也迷惑不定,我军却隐蔽地转移兵力,部署新的阵势。

四、慎行"混战计",多方应对复杂情况

第四步是展开攻击行动,力求打歼灭战。最好的办法"关门捉贼"。对敌人的部队,应当包围起来歼灭。不能让他们逃脱再去追击,否则是很不利的。这里所说的"贼",并不仅仅指那些行动诡秘、突然来袭、出没无常的小股敌人,也可能是敌人的主力部队。

第五步是分化敌人,加强敌人的矛盾。可用"远交近攻"之计。由于受到地理条件或形势的限制,难以一下子全歼敌军,那么攻击近处之敌对己有利,攻击远处之敌对己有害。对远处之敌,也可以暂时联合。

第六步是争取中间对象,设法扩张战果。为此不妨借用历史上"假道伐虢"的计谋。地处敌我两强国之间的小国,当敌国威胁它屈服投降的时候,我方应立即出兵援救,以取信小国,借以扩展自己的势力。

综合以上六计,不难看出,在敌人处于混乱的情况下,一般不要直接攻取,而要有计划、分步骤地制造其矛盾,加剧其混乱,并善于利用矛盾,分散其力量,制造有利的战机,从而乱中取胜。

五

密施"并战计",借机增强己方势力

[篇题解析]

并战，顾名思义，就是兼并战，也可以理解为几支部队并肩作战、联合作战。天下大势，分久必合，合久必分，兼并，联合，接连不断。《管子》曾说："轻重强弱之形，诸侯合则强，孤则弱。"说明在诸侯割据、群雄争霸、敌我双方处于交战状态的条件下，各国往往采取的是联盟作战。联盟作战时，不是主将一声令下便可全军奋力拼杀的，参与联盟作战的部队有各自的利益需求，有各自的领军之将。孙子提出："衢地则合交。"（《孙子兵法·九地篇》）"衢地"即诸侯交界地区，对这种地区采取的政策是"合交"，即采用多种办法以"义"感召诸侯，以"利"结交四方，从而达到"胜天下者用天下"（《兵法百言·法篇》）的有利状态。《三十六计》中的"并战计"，继承了前人的谋略思想，系统提出六条计谋，核心强调的是在联合友军打击敌人的过程中要特别注意团结友军，同仇敌忾，并肩作战，夺取胜利；要先下手为强，主动进攻，击败对方联盟。

商场竞争中的兼并，条件极为复杂，竞争十分激烈。企业要生存、要发展，也要凭借良好的公共关系，尽量避免树敌过多。避免与竞争对手正面抗衡，应当加强联合，壮大自己的阵营和声势，谋求多赢、共赢，同时削弱对方的阵营和声势，减少不必要的损失，然后乘虚取胜，战胜竞争对手。

五、密施"并战计",借机增强己方势力

第二十五计　偷梁换柱

【原文】

频更其阵,抽其劲旅,待其自败,而后乘之。曳其轮也。

[按语]阵有纵横,天衡为梁,地轴为柱,梁、柱以精兵为之。故观其阵,则知其精兵之所在。共战他敌时,频更其阵,暗中抽换其精兵,或竟代其为梁柱,势成阵塌,遂兼其兵。并此敌以击他敌之首策也。

【译文】

多次变动其阵容,借以抽换其主力,待其自趋失败,然后乘机将其全盘控制。只要控制车轮,就掌握了车辆运行的方向。

[按语]布阵有东西南北方位,"天衡"首尾相对,是阵的大梁;而"地轴"却连贯于中央,是阵的支柱。梁、柱间的兵力部署,必须由主力承担。因而,观察敌阵,便能发现敌军主力之所在。我方与其他的部队联合作战时,应适时改变其阵势,暗中抽换其主力,或派我方部队代其作为梁、柱,那么,这一部队便无法守住阵地,我方可立即将其兼并,并马上把其兵力投入另一战斗中。这是兼并友军,增强联军实力,然后再共同攻击敌人的主要谋略。

【精要新解】

"偷梁换柱",源出于夏桀、商纣"换梁易柱"的传说。据说,夏桀、商纣两人力大无穷,能够拽倒九牛,换梁易柱。后来,"换梁易柱"变成了"偷梁换柱"这一成语。

"梁",是房屋建筑中水平方向的长条形承重构件,在木结构屋架中通常按前后方向架放在柱子上。"柱"，是建筑物中直立的起支撑作用的构件，在木结构屋架中，支撑横梁。因为"梁"和"柱"在房屋建筑中起非常大的作用，人们便经常用它们比喻事物的关键部位，或核心内容。如国家的栋梁之材，挑大梁的人物，单位的台柱子等等。那么，"偷梁换柱"的基本意思是，玩弄手法，暗中更换事物的关键部分，从而改变事物的内容或性质。

"偷梁换柱"，也可写作"偷天换日""偷龙换凤"，都是一个意思。

在《三十六计》中，"偷梁换柱"被列为第二十五计。此计是第五套计"并战计"的第一计，主要用于联盟内部的兼并，是一种如何争取、控制和兼并友军的计策。同时，此计也适用于针对竞争对手。其具体办法是："频更其阵，抽其劲旅，待其自败，而后乘之。曳其轮也。"意思是说，在与友军联合作战共同攻击敌人时，应该频繁地变更友军的阵形，暗中抽调出它的主力，甚至派自己的部队去替代它占领其关键的位置，等待其自行败退，然后就可以乘机消灭它。这就好比控制了车轮，也就控制了大车的运行一样。汉光武帝刘秀就曾经运用此计。

西汉末年，王莽篡夺汉室政权后，进行复古改制，将全国土地改称"王田"，增大税收比率，加重了人民的苦难，因而引起赤眉、绿林农民大起义。刘秀作为汉高祖刘邦的远支宗室后代，也率领人马加入了起义的行列，与赤眉军、绿林军共同战斗。不过，他参加起义，既是为了推翻王莽政权，恢复汉家天下，也是为了扩张自己的势力。因此，他不露声色地兼并农民起义军，扩大自己的势力范围。如公元24年，他便用"偷梁换柱"之计兼并了谢躬的部队。

谢躬原是绿林军的首领之一，曾与刘秀共同攻取邯郸，尔后率部驻守战略要地邺城（今河北磁县南）。随着势力的不断扩大，刘秀将吞并的目标指向了谢躬。他以南下打击敌军为名，写信邀约谢躬共同出兵。谢躬不知是计，亲自率领主力部队南下，只留少量兵力防守邺城。未曾想，在半道上与敌军苦战了一番，伤亡惨重，只好撤军回城。然而，就在他出兵的这段时间里，刘秀暗中派两员大将骗开邺城城门，占据了谢躬的老巢。当谢躬精疲力竭地回到城门时，根本没有注意到城门左右已经换上了刘秀的将士，只顾纵马入城。忽听得一声鼓号，左右士兵一拥而上，谢躬立刻被拉下马来，当即斩首。其部属个个震恐，大惊失色，纷纷放下武器，表示愿意归顺刘秀。刘秀就这样连人带城，一举兼并了谢躬的势力。

"偷梁换柱"，从字面上看似乎有些贬义。其实，仔细品味原文"频更其阵，抽其劲旅，待其自败，而后乘之"，便不难看出作者不过是用通俗易懂的比喻，来阐述一条巧妙的谋略。

这一计谋的重要特征是变换，"频更其阵，抽其劲旅"重在通过变换以模糊视听，包括"偷换"己方精锐力量，从而乘机控制敌人，彻底扭转不利局面。想要运用好此计，需要注意以下三点：

一是信息要准确且及时，找准"梁"与"柱"之所在。要找到随时摇摆不定的友军体系中起着"梁"和"柱"作用的关键环节，这些关键环节可以是其指挥系统，也可以是其具体位置，甚至是其兵力分布的强点和弱点。一旦找准，就要及时定下决心、果断出手，以次要换主要，以假换真，以静换动。

二是"偷"和"换"的手法要巧妙。"偷梁换柱"是一招"险棋"，意图一旦暴露，反而会"偷鸡不成蚀把米"。对此，施计者必须要有清醒的认识，着眼于"偷"和"换"，暗中运作，以巧成事。要通过不断变化，打乱对方部署，扰乱对方的正常思路和判断力，为我施谋用计创造条件。

三是"偷梁"和"换柱"的时机要正确。想要此计能起到出奇制胜的结果，就必须把握好"偷梁"和"换柱"的时机。通常而言，当对手实力强大、攻势正劲时，不可贸然行动，否则容易反被对手吞并。正确的做法是"频更其阵，抽其劲旅"，先除去对手的精兵，削弱对手的力量，最终"待其自败，而后乘之"。

第二十六计　指桑骂槐

【原文】

大凌小者，警以诱之。刚中而应，行险而顺。

［按语］率数未服者以对敌，若策之不行，而利诱之，又反启其疑。于是故为自误，责他人之失，以暗警之。警之者，反诱之也，此盖以刚险驱之也。或曰：此遣将法也。

【译文】

强大者慑服弱小者，要善于利用警告的方法去诱导。适当的强硬可以得到响应，而使用果敢的手段则可以使人敬服。

［按语］统率几支一向不听调遣的部队对敌作战，如果你的命令不能执行，再用利益去拉拢他们，反而使其怀疑。这时，可以故意制造事端，责难他人发生的过失，借以暗示警告。所谓警告，是从另一面使之折服，这是使用强硬而果敢的手段慑服部属的方法，也可以说，这也是调兵遣将的一种法术。

五、密施"并战计",借机增强己方势力

【精要新解】

"指桑骂槐",这个成语中的"桑",是指桑树;"槐",就是槐树。意思是说,表面上指着桑树,实际上在骂槐树;比喻指着张三骂李四。这是一种骂人的艺术。骂人有文骂与武骂,旁敲侧击、唇枪舌剑的属于文骂;拍台击桌、怒目圆瞪的则属于武骂。"指桑骂槐"无疑是典型的文骂。它不作正面冲突,而是用不指名道姓的刻薄语言谴责对方,令人听了咬牙切齿,却抓不到反击的把柄。

此外,"指鸡骂狗""捉鸡骂狗""指着和尚骂秃驴",大体上与"指桑骂槐"是一个意思。

在《三十六计》中,"指桑骂槐"被列为第二十六计。此计的解语中解释说:"大凌小者,警以诱之。刚中而应,行险而顺。"意思是说,强者驾驭弱者,要用警告的办法来诱导他。在关键时刻,强硬而严肃的办法可以得到拥护,果敢而刚强的人能够让人敬服。显然,这是一种"杀鸡儆猴""敲山震虎"的策略。在军事上,人们通常在以下两种场合运用这一计谋。

一是对付弱小的对手时,运用各种政治和外交谋略,"指桑"而"骂槐",施加压力迫使其归顺。春秋时期,齐相管仲降服鲁国和宋国,就是运用了此计。齐国先攻下弱小的遂国,鲁国畏惧,立即谢罪求和,宋国见齐鲁联盟,也只得认输求和。管仲就这样"敲山震虎",不用大的代价便使鲁、宋两国臣服。

另一情况则是整顿军纪时,聪明的将领也常用此计。作为部队的指挥官,必须做到令行禁止,法令严明。否则,指挥不灵,令出不行,士兵犹如一盘散沙,怎能打仗。所以,将领有时必须采用"杀鸡儆猴"的方法,抓住个别坏典型,从严处理,可以震慑全军将士。春秋时期"辕门立表"的故事就是典型事例。

春秋时期，齐景公任命田穰苴为将，带兵攻打晋、燕联军，又派宠臣庄贾作监军。穰苴与庄贾约定，第二天中午在辕门集合。第二天，穰苴早早到了营中，命令军士在辕门前竖起标杆和滴漏盘，以记时间。可是，正午时分却不见庄贾的踪影。穰苴几次派人催促，直到黄昏时分，庄贾才带着醉容摇晃着走到营门。穰苴问他为何不按时到军营来，庄贾满不在乎，说什么亲戚朋友都来为他设宴饯行，他得应酬。

穰苴非常气愤，斥责他身为国家大臣，有监军重任，却只恋自己的小家，不以国家大事为重。庄贾仗着自己是君王的宠臣，对穰苴的话不以为意。穰苴当着全军将士的面，喝问执法官："无故耽误了时间，按照军法应当如何处理？"执法官答道："该斩！"穰苴立即命令士兵拿下庄贾。庄贾吓得浑身发抖，他的随从连忙飞马进宫，请求景公派人救命。在景公派的使者还没有赶到之前，穰苴先行下手，将庄贾斩首示众。全军将士，看到主将居然斩杀了违犯军令的大臣，吓得面面相觑，谁还敢不遵行命令。

不一会儿，景公的使臣飞马闯入军营，拿着景公的命令叫穰苴手下留情。穰苴沉着地回应说："将在外，君命有所不受。"他见来人骄狂，便又问执法官："在军营跑马，按军法应当如何处理？"执法官答道："该斩！"使者闻听此言，吓得面如土色。穰苴沉思了一下，严肃地说："君王派来的使者，可以不杀，但必须惩处。"于是，穰苴下令杀了使者的随从和驾车的左马，砍断马车左边的辅木。然后让使者回去禀报景公。穰苴这种不阿权贵、执法如山的做法，得到三军将士的拥护，同时也极大地震慑了敌人。因此，他率领的军队所向披靡，打了不少胜仗。

在现代战争中，"指桑骂槐"常常用作一种军事威慑艺术。当年炮击金门作战中，毛泽东就曾经用这一招震慑了美国。

1958年8月23日，中国人民解放军福建前线炮兵阵地万炮齐发，金门岛陷入一片火海。蒋介石忙向美军"求救"，美国随后决定为蒋军护航。9月4日，美国调来军舰与原先在台湾海峡的第7舰队会合，形成了一个作战集群。9月8日，美蒋组成海上编队，由美舰护航蒋军舰船向金门开来，前线指挥员请示中央如何应对。毛泽东指示："只打蒋舰，不打美舰。"中午12时，美蒋联合编队抵达金门料罗湾港口。毛泽东下令："立即开炮！"解放军炮火掠过美舰，直击蒋舰。蒋舰官兵被炸得死伤无数，紧急向美舰求救。没想到，近在咫尺的美舰丢下蒋舰掉头向台湾方向逃去。9月11日，美国再次护送蒋军4艘运输舰、7艘作战舰向金门驶来。14时57分，解放军炮兵以强大火力射击驶近料罗湾的蒋军运输舰和金门岛上的目标。美军故伎重演，听到炮声后再次向外海撤退。通过这两次炮击，党中央彻底摸清了美国当局的战略底牌。毛泽东诙谐地说："美国人是纸老虎。"

毛泽东巧妙处理台湾海峡战事，以蒋军舰船为"桑"，以美国的态度为"槐"，不仅沉重打击了蒋军，又警告了美国当局，同时对美国的底牌有了较清楚的认识，迫使美军舰船为了自保放弃所谓的"同盟"伙伴，达到了战略上的威慑目的。

在社会生活中，"指桑骂槐"可以有多种多样的具体办法，但其核心无非是以间接方法代替直接方法，迂回地解决问题。这既是一种说话艺术，也是一种处事艺术。

第二十七计　假痴不癫

【原文】

宁伪作不知不为，不伪作假知妄为。静不露机，云雷屯也。

［按语］假作不知而实知，假作不为而实不可为。司马懿之假病昏以诛曹爽，受巾帼、假请命，以老蜀兵，所以成功。姜维九伐中原，明知不可为而妄为之，则似痴矣！所以破灭。兵书曰："故善战者之胜也，无智名，无勇功。"当其机未发时，静屯似痴；若假癫，则不但露机，且乱动而群疑。故假痴者胜，假癫者败。或曰："假痴可以对敌，并可以用兵。"

宋代，南俗尚鬼。狄武襄（青）征侬智高时，大兵始出桂林之南，因佯祝曰："胜负无以为据。"乃取百钱自持，与神约："果大捷，则投此钱尽钱面也。"左右谏止："倘不如意，恐沮师。"武襄不听。万众方耸视，已而挥手一掷，百钱皆面。于是举手欢呼，声震林野。武襄也大喜，顾左右，取百钉来，即随钱疏密，布地而帖钉之，加以青纱笼护，手自封焉。曰："俟凯旋，当酬神取钱。"其后平邕州还师，如言取钱，幕府士大夫共视，乃两面钱也。

【译文】

宁可假装糊涂而不采取行动，也不冒充聪明而轻举妄动。暗中策划，不露声色，就像冬天的雷电，储存力量，待机爆发一样。

［按语］假装糊涂而其实非常明白，假作不动而实际上是时机不成熟不宜行动，或是静观其变、待机而动。三国时，司马懿假装衰老多病，诱使曹爽丧失警惕，最终曹爽被杀。此外，

他还接受诸葛亮送来的妇女衣饰，并故意向上请示作战。其实却严守阵地、坚壁不战，借此以疲惫蜀军，因此获得胜利。另外，蜀将姜维九次出兵进攻中原，刚愎自用，明知不可为却轻举妄动，如同傻瓜一样。所以，等待他的是失败的结局。兵书说："善于用兵制胜之人，从不沽名钓誉，也向来不夸战功。"当战机不成熟时，沉着准备如痴似呆。如果佯作疯狂，不仅会暴露战机，而且会因过早行动而引人猜疑。因此，装呆者必胜，佯癫者必败。还有人说："装呆之计，不仅可用以对敌，也可用来治军。"

宋代，南方有崇尚鬼神的风俗。大将狄青率军出征侬智高，初到桂林以南，他就假装拜神说："这次用兵，胜负实在难以预料。"于是，当众拿出一百铜钱，向神祷告说："我军如果获胜，把钱扔到地上，正面（不铸文字的一面）都是向上的。"身旁官员建议说："万一不能如意，恐怕会影响部队的士气。"狄青不接受部下的劝告。在万众注视之下，狄青举手一挥，把铜钱撒出。谁也没有料到，铜钱的正面都是朝上的。这时，全军欢呼雷动，响彻林野。狄青也兴奋异常，命令侍从用铁钉把分布在地上的铜钱逐个钉牢，然后亲手用青纱盖上封好，说："等凯旋归来感谢鬼神时，再收回铜钱。"后来，狄青平定邕州回军时，按原先的誓言把钱取回，他的僚属们才发现，原来铜钱的两面都是事先铸成一样的。

【精要新解】

《三十六计》有一个特点，为了便于文化程度不高的武将们理解和记忆，作者尽可能选用一些人们熟悉的成语典故，或民间俗语，作为每一计的计名。这就使得每一计听起来都比较粗俗。实际上，仔细分析每一计的解语，其中所阐释的道理还是符合战争规律或斗争原则的。例如，"假痴不癫"，从字面上看就是装疯卖傻，实际上却蕴含一种策略艺术。此计的解语对此作了说明，即："宁伪作不知不为，不伪作假知妄为。静不露机，云雷屯也。"意思是说，宁可装作糊涂而不行动，不可冒充聪明而轻举妄动。沉着冷静，深藏真实动机而不露，如同《易经·屯卦》所说的，雷电在冬季积聚不动待机而发一样。显然，这是一种在不利的形势下，利用伪装障敌耳目，等待时机转守为攻的谋略。其核心是以退求进，后发制人。这不是一般人能做到的，它要求用计者要有长远的谋略、宽大的胸怀、过人的智慧和坚忍的毅力。孙膑就是一个典型。

战国初期，齐国的孙膑和魏国的庞涓曾同在鬼谷子门下学习兵法。庞涓下山后回到魏国，受到了魏国的重用。魏惠王听说孙膑很有才华，便让庞涓写信邀请孙膑来魏国任职。

一天，正在山上攻读兵书的孙膑，接到庞涓差人秘密送来的一封信。信上，庞涓先叙述了他在魏国受到的礼遇和重用。然后又说，他向魏惠王极力推荐了师兄的盖世才能，请师兄来魏国就任将军之职。孙膑看了来信，想到自己大显身手的机会来了，便随同来人赶往魏国。

然而，庞涓心胸狭窄，嫉妒孙膑的才华比自己强，又害怕孙膑的地位超过自己。因此，在孙膑到达魏国后不久，庞涓便以私通齐国的罪名诬陷孙膑，对其施以酷刑，剜去了他的两个膝盖骨，并在他的脸上刺上罪犯的标志。

在狱中，孙膑的伤口渐渐愈合，但他再也站不起来了，而且，还有人时时刻刻监视着他。孙膑终于明白，这一切都是庞涓的主意。他恨得咬牙切齿，但精通兵法的他深知不能这样耗下去，总得想个脱身之法才是。不久，孙膑"疯"了，他一会儿哭，一会儿笑，叫闹个不停。送饭的人拿来吃的，他竟连碗带饭扔出好远。庞涓听说之后，并不相信孙膑会疯，便叫人把他扔到猪圈去，又偷偷派人观察。孙膑披头散发地倒在猪圈里，弄得满身是猪粪，甚至把粪塞到嘴里大嚼起来。庞涓认为孙膑是真疯了，对他的看管逐渐松懈下来。

孙膑装疯产生了作用，并暗中加紧寻找逃离"虎口"的机会。一天，他听说齐国有个使臣来到大梁，便偷偷前去拜访。齐国的使臣听了孙膑的叙述，从谈吐中认定他是一个很了不起的人才，十分钦佩，遂答应帮他逃走。这样，孙膑便藏身于齐国使臣的车子里，秘密地回到了齐国。

孙膑回国后，很快见到齐国的大将田忌。田忌十分赏识孙膑的才干，推荐他做了齐国军师。不久，孙膑就用奇谋妙计在桂陵、马陵之战中击败庞涓率领的魏军，并迫使庞涓自杀。

孙膑采用"假痴不癫"之计成功地逃出险境，现实生活中人们却没必要装疯卖傻，而应当从更高层次上体会这一成语所蕴藏的思想。老子曾提出"大巧若拙"，孔子也有"大智若愚"的主张，孙子则告诫将领"能而示之不能，用而示之不用"。先哲们的这些观点，显然与"假痴不癫"在神趣上是一致的。

用"假痴不癫"解语"宁伪作不知不为，不伪作假知妄为。静不露机，云雷屯也"来分析，美国在第二次世界大战中似乎也曾有意无意地运用了此计。

日本偷袭珍珠港，美国事先究竟知道还是不知道，世上有多种说法，有"不知道"之说，也有"知道"之说。从战后各方面披露的史料来看，美国在日本偷袭前，应该早已经获知了日本要偷袭珍珠港的准确情报。

有一种说法，在 1941 年 9 月 6 日，当时的中国军统就获知了日本准备偷袭珍珠港的情报，并且第一时间通过外交途径通知了美国，而后在 1941 年 10 月再次截获了日本要偷袭珍珠港的密电，并且第一时间通知了美国国务院。但是，这两次都没有得到美国的任何回应。而第三次，在珍珠港被偷袭的前几天，军统再次确认日军将在 12 月 7 日早上 7 点半偷袭珍珠港，蒋介石亲自打电话给罗斯福，罗斯福只是回答了一声"知道了"，没有做出任何其他回应。为此，蒋介石大为光火，认为美国不相信自己，连连骂了几句。

除了中方的情报外，其实当时的日本为了耍滑头，也事先通知了美国。日本耍了个小聪明，当时日本军部准备 12 月 7 日早上 7 点半发动偷袭，却发了一个 14 大段文字的电报，下令让驻美国大使在 12 月 7 日 7 点通知美国，这样既做到了通知义务，又使得美国在半小时之内没有办法做出安排。然而，这份电报早在 12 月 6 日就被美国情报部门全文破译出来，知道了珍珠港将在 12 月 7 日早上 7 点半遭到日本偷袭。但是，美国情报部门将这一情况报告给罗斯福后，总统只是冷冷地说"知道了"，并没有采取任何措施。

这个时候采取应对措施时间上完全来得及，但罗斯福并没有下令做好准备，也没有通知珍珠港的人员撤离，这让人很是奇怪。战后，罗斯福时期美军后勤部副主管海伦回忆，在珍珠港事件发生前，罗斯福总统开了一个高级别会议，会上罗斯福总统说，珍珠港可能爆发战争，会造成人员伤亡，并下令调拨一批医务人员和急救物资集结到美国西海岸的一个港口，随时待命。而且，当时罗斯福总统对十分诧异的与会人员解释时说，只有当美国本土遭到攻击时，犹豫不决的美国民众才会同意他宣布投入战争。据1941年美国红十字会夏威夷分会的档案记载，在珍珠港事件发生前几天，有大规模非常规的人员和物资紧急调动，这也印证了这位退役后勤主管所言为实。

日本偷袭珍珠港使原本中立的美国宣布参加反法西斯联盟作战，很快扭转战局，最终用两颗原子弹迫使日本彻底投降。如此看来，罗斯福决定美军参战的思路颇有点"宁伪作不知不为，不伪作假知妄为。静不露机，云雷屯也"的味道，只是低估了日军的作战能力，让珍珠港遭受了过于惨重的损失。

现代商场竞争和企业经营中，"假痴不癫"之计也有广泛的用武之地。尤其是当自己处于不利情况时，宁可装傻充呆，也绝不主动出击，参与无谓的竞争，而要学会长期忍耐，学会卧薪尝胆，学会委曲求全，以期后发制人、后来居上。

有些经营者用一些超乎常理的做法来造成轰动效应，表面上看好像"傻"得不可思议，实际上是为了吸引更多的消费者。"可口可乐"是美国可口可乐公司生产的世界闻名的清凉饮料，它的神秘配方使可口可乐公司拥有国内外大量的顾客，稳稳地坐在美国饮料市场和世界饮料市场的第一把交椅上。然而，出乎人们的预料，1985年5月，可口可乐公司突然宣布要改变沿用了99年之久的老配方，采用刚研制成功的新配方。消息传出，立即在消费者中引起轩然大波。每天，公司都收到上千封抗议信件和上万次抗议电话，有的消费者还举行抗议示威，一些经销可口可乐的商店也因销量降低而拒绝经销新配方可乐。看来可口可乐公司似乎做了一个愚蠢的决策。但是待可口可乐的新配方开始为一些消费者所接受时，公司的老板又在同年7月突然宣布，在继续生产新配方可乐的同时，为尊重消费者的意见，公司决定恢复老配方可乐的生产。这个消息一公布，全国各地的可口可乐爱好者无不为之雀跃，纷纷狂饮老牌可乐，同时也争相购买新可乐。市场上出现了抢购可口可乐的热潮。因为之前消费者的抗议活动实际上已为可口可乐做了不花钱的广告宣传，使可口可乐更加具有吸引力。这也是"假痴不癫"之计的巧妙运用。

第二十八计　上屋抽梯

【原文】

假之以便，唆之使前，断其援应，陷之死地。遇毒，位不当也。

［按语］唆者，利使之也。利使之而不为之便，或犹且不行。故抽梯之局，须先置梯，或示之以梯。如：慕容垂、姚苌诸人怂秦苻坚侵晋，以乘机自起。

【译文】

故意露出破绽，以诱敌深入，然后截断其前应和后援，将其全部包围并彻底歼灭。敌方贪得无厌，必定招致后患。

［按语］所谓唆使，就是以利诱之。如果只有利诱而不给以方便，敌人就会犹豫不前。因而，凡是运用上屋抽梯计谋，要先把梯子放好，并故意让敌人知晓，这里的确有梯可用。例如，鲜卑降将慕容垂和羌族降将姚苌一直怂恿苻坚攻晋，结果苻坚在淝水之战中大败，慕容垂、姚苌二人趁机起兵自立。

【精要新解】

"上屋抽梯"，源自于《孙子兵法·九地篇》。孙子说："帅

五、密施"并战计",借机增强己方势力

与之期,如登高而去其梯。"意思是,主帅给部队规定作战任务和期限时,要断其归路,就像登高而抽去梯子一样。实质上,这是一种"置之死地而后生"的策略。秦朝末年,项羽在巨鹿之战中破釜沉舟的做法;楚汉战争时期,韩信在井陉之战中背水列阵的做法,显然都是孙子这一思想的具体运用。有趣的是,东汉末年的刘琦却直接搬用了"登高而去其梯"的形式,逼迫诸葛亮为他出谋划策。

东汉末年,荆州牧刘表偏爱少子刘琦,不喜欢长子刘琮。刘琮的后母害怕刘琦得势,影响到儿子刘琮的地位,非常嫉恨他。刘琦感到自己处在十分危险的环境中,多次请教诸葛亮,但诸葛亮一直不肯为他出主意。有一天,刘琦约诸葛亮到一座高楼上饮酒,等二人坐下饮酒之后,刘琦暗中派人撤走了楼梯。刘琦说:"今日上不至天,下不至地,出君之口,入琦之耳,可以赐教矣。"诸葛亮见状,无可奈何,便给他讲了一个故事。

春秋时期,晋献公的妃子骊姬想谋害晋献公的两个儿子申生和重耳。重耳知道骊姬居心险恶,只得逃亡国外。申生为人厚道,要尽孝心,侍奉父王。一日,申生派人给父王送去一些好吃的东西,骊姬乘机用有毒的食品将太子送来的食品更换了。晋献公哪里知道,准备去吃,骊姬故意说道,这膳食从外面送来,最好让人先尝尝看。于是命左右侍从尝一尝,刚刚尝了一点,侍从倒地而死。晋献公大怒,大骂申生不孝,阴谋杀父夺位,决定要杀申生。申生闻讯,也不作申辩,自刎身亡。讲完故事后,诸葛亮对刘琦说:"申生在内而亡,重耳在外而安。"刘琦马上领会了诸葛亮的意图,立即上表请求将自己派往江夏(今湖北武昌西),避开了后母,终于免遭陷害。

在《三十六计》中,"上屋抽梯"列为第二十八计。其内

涵与孙子的"登高而去其梯"有所变化。此计的解语是:"假之以便,唆之使前,断其援应,陷之死地。"全句的意思是说,故意暴露给敌人某种破绽,引诱他前来攻打,尔后断绝其前应和后援,使其陷入绝境。二者相比,孙子讲"登高而去其梯"主要着眼于对内,用切断退路的办法督促部属拼死决战。而《三十六计》中的"上屋抽梯"则主要着眼于对外,用诱骗的方法使敌人陷入绝境。

军事上运用此计,关键在于如何诱使敌人"上梯",而且要将"梯子"设在绝处,才能创造战机,进而歼灭敌人。解放战争中著名的孟良崮战役可谓是运用此计的典范之一。我军利用蒋介石"王牌军"第七十四师的骄狂心理,以大踏步后退的方式,成功地实现了"假之以便,唆之使前"的目的,使其脱离兵团主力,孤军深入,然后,我军又成功地实现了"断其援应,陷之死地"的作战步骤,集中兵力分割包围敌人,将国民党第七十四师包围在孟良崮至芦山的狭窄山沟里。经过三天激战,我方将敌人自诩为"三大主力"之首的整编第七十四师及整编第八十三师一个团彻底消灭,歼敌四万余人,缴获全部美式武器装备,击毙第七十四师师长、蒋介石的得意门生张灵甫。当蒋介石得知张灵甫被击毙的消息时,顿时惊呆,面如土色,半日无话。

在日常生活中,人们常把"上屋抽梯"与"过河拆桥"联系起来,用以谴责不讲信用、忘恩负义的人和事。其实,日常生活中很多事情都暗合了"上屋抽梯"的本质含义。

"上屋抽梯"之计作为"置之死地而后生"的策略,常常应用于企业内部管理及商战之中。企业内部用此计,可促使职工树立一种危机意识,以调动其积极性,使企业永葆青春和活力。

在商战中，对待竞争对手也往往通过种种手段加以引诱，然后"逼迫"他按自己的意愿行事。如先从价格等方面给竞争对手或谈判对象以好处，诱使他"上梯"，进入自己的包围圈，然后想办法扼其要害，令其按自己的意志办事。这就要求经营者眼观六路，耳听八方，广泛搜集信息，充分了解对手和自己的优势与劣势，了解对方最有力的手段和最薄弱的环节。对待消费者，商家常采取先低价销售，吸引其购买某种产品，待这种产品为公众所认可，并成为不可或缺的必需品或流行商品时，再提高商品的价格。从下面的实例可以清楚地看到"上屋抽梯"的作用。

索尼公司在20世纪40年代开创时，步履维艰。它的第一台手提式磁带录音机研制成功以后，索尼创始人盛田昭夫率领手下干将四处推销这种新产品，可当时的大部分日本家庭都认为用那么多钱买这种娱乐用品太奢侈了。后来，他改变了营销策略，把录音机的价格大大降低，降到只有微利的水平，而且不再向家庭推销，而是先进入学校，向大中小学校的师生演示如何使用录音机，如何利用录音机录下广播教育节目，放给学生听，使"这种机器对学习大有帮助"的观念逐渐深入到广大师生的心中。开始，只有学校用公款购置；后来，有一些学生自费购买；最后，录音机终于走进了家庭。人们对它了解得越多，也就越喜爱它、越依赖它，购买和拥有录音机逐渐成了一种时尚。这时，录音机声誉大增，价格随之涨到了降价前的水平。盛田昭夫就是先让消费者"上梯"，然后再"抽梯"，从而取得了成功。

第二十九计　树上开花

【原文】

借局布势，力小势大。鸿渐于陆，其羽可用为仪也。

［按语］此树本无花，而树则可以有花。剪彩粘之，不细察者不易觉。使花与树交相辉映，而成玲珑全局也。此盖布精兵于友军之阵，完其势以威敌也。

【译文】

利用别军的优势造成有利于己的局面，虽然兵力不大，也能发挥极大的威力。大雁渐渐降落，全凭无数长翼助长气势。

［按语］此树本来无花，也可使其有花。把五彩丝绸剪成花朵粘在树枝上，粗心的人便难以分出真假。让美丽的花朵和树枝相互衬托放出异彩，造成巧妙逼真的局面。这就是把主力配备于友军的阵地上，形成强大的阵容以慑服敌军的道理。

【精要新解】

"树上开花"，顾名思义，就是树上开满花朵。然而，作为一种军事谋略，却另有深意。《三十六计》第二十九计解释说："借局布势，力小势大。鸿渐于陆，其羽可用为仪也。"其中的"鸿渐于陆，其羽可用为仪"，语出《易经·渐卦》，意思是说，鸿雁降落在地上，其宽大的羽翼可增强其气势。全句表达的意思是，借助可以为己所用的局面，布列成有利的阵势，虽然兵力弱小，但阵势却显得强大。

为加深人们的理解，作者在此计的按语中进一步解释说，所借助的局面，就好比一棵大树。树上本来没有花，但也可以让它有花。把彩纸、彩绸剪成花朵粘在树枝上，让美丽的花朵与树枝、树叶浑然一体，远远看上去，如同真的开满鲜花一样，具有鸿雁展翅般的气势。兵力弱小时亦可如此，设置假情况，巧布迷魂阵，以虚张声势，威慑敌人。简而言之，就是要善于借助各种因素为自己壮大声势和力量。历史上的"火牛阵"就是这么一种"力小势大"的典型例子。

公元前284年，燕国大军攻打齐国，连下70余城，齐国只剩下莒和即墨两座城。燕军包围了即墨城，但多次攻城均不奏效，两军相持5年之久。当时，即墨城中并没有正规军，只有从各地逃到这里的散兵，总共7000余人。大家共推田单为将，统一指挥守城作战。

田单先是派人到燕国施行反间计，诈称燕国大将乐毅名为攻齐，实欲称王齐国，故意缓攻即墨，若燕国另派主将，即墨指日可下。燕惠王果然中计，派骑劫取代乐毅。兵家最忌讳临阵换将，田单此举有效地打乱了燕军的阵势。

但是，燕军在兵力上占有绝对优势，即墨守军不可硬拼。于是，田单想出了一系列大张声势的办法。

他首先利用双方士兵的迷信心理，要求即墨城内军民每天饭前要拿食物到门前空地上祭祀祖先。这样，乌鸦、麻雀成群地赶来争食。城外燕军一看，觉得奇怪，原来听说齐国有神师相助，现在真的连飞鸟每天都定时朝拜。燕军人心惶惶，非常害怕，无心久战。

田单最绝的一招是反攻时的"火牛阵"。他见反攻时机成熟，便把城中的一千多头牛集中起来，在牛角上绑上尖刀，牛身上披上画有五颜六色、稀奇古怪图案的红色衣服，牛尾巴上绑上一大把浸了油的麻苇。另外，选了5000名精壮士兵，穿上五色花衣，脸上绘上五颜六色，手持兵器，命他们跟在牛的后面。

这天夜晚，田单下令将牛从新挖的城墙洞中放出，点燃麻苇，牛又惊又躁，直冲燕国军营。一时间火光冲天，千牛狂奔。燕军哪见过这种阵势，一个个吓得魂飞魄散，哪里能够还手。齐军5000勇士接着冲杀出来，燕军死伤无数。骑劫也在乱军中被杀，燕军一败涂地。齐军乘胜追击，各地人民揭竿而起，军民奋战，一鼓作气，收复70余城，使齐国转危为安。

在军事史上，此战被称为出奇制胜的典范。那么，"奇"在哪儿呢？奇就奇在田单善于"借局布势"，从而收到"力小势大"的效果。

社会上有些商业广告也颇有"树上开花"之意。蒙牛曾经被伊利打压，广告所到之处总是很快就被伊利覆盖。后来，蒙牛想出一招，广告词写着"向伊利学习，创内蒙古乳业第二！"从此伊利再也不覆盖蒙牛的广告了。这无疑是借别人之力、别人之势，开自己的鲜花。虚实相间，以较小的力量、较少的投入、较短的时间，获得颇为可观的利益。

第三十计　反客为主

【原文】

乘隙插足，扼其主机，渐之进也。

［按语］为人驱使者为奴，为人尊处者为客；不能立足者为暂客，能立足者为久客；客久而不能主事者为贱客，能主事则可渐握机要，而为主矣。故反客为主之局，第一步须争客位，第二步须乘隙，第三步须插足，第四步须握机，第五步乃成为主。为主，则并人之军矣。此渐进之阴谋也。

五、密施"并战计",借机增强己方势力

【译文】

乘有漏洞赶快插足进去,控制其统御大权,要善于循序渐进达成目的。

[按语]被他人支配的是奴隶,而受人尊敬的是贵宾。立足未稳的是临时的客人,能站稳脚跟的才是长久的客人,长期作客但不能参与军机的是不被尊重的客人,能够参与其事而又握其大权的才能摇身一变成为主人。所以反客为主的局面,第一步骤要先取得客位,第二步骤要善于乘隙而入,第三步骤要有立足之地,第四步骤要控其大权,第五步骤就自然转化成为主人。做了主人之后,当然也就全盘控制了他人的军队。这就是稳步依次而进的谋略。

【精要新解】

唐太宗李世民和他的兵部尚书李靖都是兵法大家,两人经常在一起探讨兵法问题。据《唐李问对》记载,有一次唐太宗问道:"兵贵为主,不贵为客;贵速,不贵久,何也?"

这里有必要先解释一下"主"与"客"的意思。"主、客"是兵法中的专用术语。"主",指在本土上进行防御的一方;"客",指深入敌国进攻的一方。唐太宗问的意思是,为什么打仗总是主张防御,不太主张进攻;主张速战,而不太主张长久作战呢?

李靖回答说:在我看来,主客的态势不是固定不变的,其中存在着"变客为主,变主为客"之术。

后来,人们浓缩他们君臣二人的这番对话,便形成了"反客为主"这一成语。

在《三十六计》中,"反客为主"被列为第三十计。其具体

意思是，"乘隙插足，扼其主机，渐之进也"。这里所说的"主机"，是指关键性的部位、部门。"渐之进也"，出自《易经·渐卦》，意为一步步把大权夺过来。全句的意思是说，有空隙就插足进去，掌握其首脑机关和要害部门，就像《易经·渐卦》所说，循序渐进，最终取得成功。

从《三十六计》作者的解释来看，所谓"反客为主"，大体上是一种兼并或控制盟友的权术，所以将其列为"并战计"的最后一计。应当说，历史上这样的事情还是不少的，东汉末年，袁绍兼并韩馥的地盘就是典型的一例。

袁绍和韩馥，原本是一对盟友，曾经共同讨伐过董卓。后来，袁绍势力渐渐强大，总想不断扩张，但缺少粮草，难以广招兵马。古时候，士兵打仗多为混口饭吃。军无粮，士不来。为此，袁绍十分犯愁。老友韩馥知道情况之后，主动派人送去粮草，帮袁绍解燃眉之急。

袁绍觉得等待别人送粮草，不能够解决根本问题。他听了谋士逢纪的劝告，决定夺取素有"粮仓"之称的冀州，而当时的冀州牧正是老友韩馥，袁绍不便于公开争夺。于是，袁绍想出一个既不用兵戎相见，又能够夺得粮仓的办法。

袁绍先是给公孙瓒写了一封信，建议公孙瓒与他一起攻打冀州。公孙瓒早就想找个由头攻占冀州，这个建议正中下怀，便立即下令，准备发兵攻打冀州。

此外，袁绍又暗地派人去见韩馥，以旁观者的身份说：公孙瓒和袁绍准备联合攻打冀州，冀州难以自保。袁绍过去不是你的老朋友吗？最近你不是还给他送过粮草吗？你何不联合袁绍，一起对付公孙瓒呢？让袁绍进城，冀州不就保住了吗？

五、密施"并战计",借机增强己方势力

韩馥甚是赞同,主动邀请袁绍带兵进入冀州。这位请来的客人,表面上尊重韩馥,实际上逐渐将自己的部下一个一个插进了冀州的要害部位,这时,韩馥才清楚地知道,他这个"主"被"客"取而代之了。为了保全性命,他只得让出冀州,远走他乡去了。

袁绍的这一招可谓不仁义,然而却是残酷竞争中的常见现象,即使在我们今天的生活环境中也不乏其例。

现代战争条件下,"反客为主"之计也有新的运用。2003年的伊拉克战争中,美英联军从3月20日起,对伊拉克发动大规模空袭和地面攻势。美英联军虽远离本土作战,却能够在战场上实现"反客为主",这主要得益于其强大的信息网络和情报侦察能力,使美英联军完全掌握战场主动权。

首先,动用庞大的宣传机器,营造"反客为主"的声势。美国绕开联合国安理会,单方面对伊拉克实施军事打击,实质上是借反恐时机,趁机清除反美政权。并且,美英两国早在战前就积极营造舆论优势,通过各种传播媒体,宣称伊拉克藏有大规模杀伤性武器并暗中支持恐怖分子,彰显其出师的正义性。在作战进程中,美英又向全世界实时发布战场信息,宣传联军的胜利进展和伊军的大量溃败,大打"新闻战"。面对海量舆论信息,伊拉克军民难辨真假,抵抗意志被不断削弱,甚至出现整建制部队缴械投降的情况,使美英联军获得主动权和话语权。

其次,利用强大的信息系统,形成非对称作战态势。战争准备阶段,美军构建了多维一体、功能强大的信息网络,依靠太空卫星、飞机等,构成立体、持续的情报侦察预警体系,确保战场信息的获得和传递。并通过十余颗侦察卫星对伊拉克战

场进行实时监控，伊拉克战场对美英联军来说几乎是单向透明。美军的侦察监视系统将战场的地形、气象、敌军部署等情况明确告知地面部队指挥官，精确地指明"乘隙插足"的机会，让突入伊拉克腹地的机械化部队丝毫没有"做客"的感觉。同时，美英联军几乎动用全部信息作战武器，干扰伊军指挥通信，使伊军的情报获取几乎为零，就连指挥通信网络都被干扰瘫痪，伊军几乎变成"聋子""瞎子"。

最后，依托信息优势，全面展开精确打击。伊拉克战争打响前，美军已拥有全球大部分地区的地表信息和数字图像，大大提高了精确制导武器的打击精度。伊拉克战争中，美英联军大量使用精确制导武器，"扼其主机"，对伊境内重要目标基本实现"发现即摧毁"。此外，美军还使用多个军种、开展多样化行动，各方行动在总体上互相配合、信息共享、长短互补、联合作战，大大提升了攻击效率。

综观2003年伊拉克战争，美军的谋略思路与《三十六计》中"反客为主"之计相差无几：第一步争客位，第二步乘隙，第三步插足，第四步握机，第五步乃成为主。

与战场上的波谲云诡相比，商场上的斗智斗勇一点也不逊色。古今中外，不少商家和企业家在竞争中也自觉不自觉地运用"反客为主"之计。概括起来说，商战中"反客为主"之计可以有以下几种使用方法：

第一种，在竞争中已处于被动劣势之时，要善于保持冷静，清醒地分析市场和竞争对手的情况；同时，改善自身内部结构以适应市场。在条件尚不成熟之际，不要轻举妄动，要学会忍耐，在"客"位上积蓄力量，等待时机。一旦时机成熟，有空隙可利用，则应迅速出击，占领这一空隙，变被动为主动。

五、密施"并战计",借机增强己方势力

第二种,进入一个新的市场领域,首先应以"客"的形式出现,从市场的空隙即相对宽松之处入手。因为在这个领域,早已有一大批小有基础的"主"了,直接与之较量,不会有什么好的结果。待出现有利的趋势,己方又积累了一定的经验和实力时,则应"擒贼擒王",向最有实力的行业"霸主"宣战,占领市场。

电视机本是美国最先进行商业开发的产品。20世纪60年代初,日本电视机生产厂家开始向美国出口电视机。当时,美国还是世界电视机生产的头号强国,美国消费者还普遍存有"东洋货是劣质货"的观念。但日本企业经过认真的市场分析发现,在美国市场上,12英寸以下的小型电视机是一个空白点。美国企业嫌小型机利润薄不愿经营,并且错误地认为小型机消费时代已经结束。所以,日本企业遂借机将小型电视机打入美国市场。美国企业开始还以嘲讽的眼光看待日本的小型机,认为其成不了气候。岂料日本企业正是从小型电视机这一空白入手,待羽翼丰满,便开始向美国大型机市场拓展,这时美国企业才醒悟过来,但为时太晚,"学生"超过了"先生"。很快,日本就取代美国成为世界上最大的电视机生产国。

商场竞争中使用"反客为主"之计,也要循序渐进。美国的约翰逊从一个贫困的青年成为拥有8000万美元的富翁,他所经营的化妆品公司是美国最大的一家,其成功的秘诀便是循序渐进。第一步,他在当时美国最大的黑人化妆品公司佛雷公司内当一名推销员。由于勤奋努力,他的推销水平很快提高,业绩也很突出。第二步,他在推销中发现佛雷公司的化妆品有不适合黑人的地方,进而发现佛雷公司内部,即老板布朗与其夫人失和,并因此导致公司的危机。第三步,他被布朗派到布朗

夫人的工厂当间谍,在这里他学到了各个生产环节的知识,同时树立了自己开创天下的信心。他以350美元的借款办起了"约翰逊制造公司",并下决心要战胜佛雷公司。第四步,佛雷公司因经营不善垮台,这对约翰逊占领黑人化妆品市场,扩大自己的生产是一次发展机会。他抓住这个机会,打起佛雷公司生产设备的主意,最后在银行家席拉尔的帮助下把佛雷公司变为约翰逊公司的一部分。第五步,约翰逊坚持宁缺毋滥,推出黑人专用化妆品,从不粗制滥造,使约翰逊公司成为黑人化妆品的权威公司。

在商场上,客户就是各企业的"客"。运用好此计,企业才能掌握主动权。然而在商场竞争中要成功实施"反客为主"的谋略必须注重四个要点:第一,必须要有成为主人的雄心,勇于进取;第二,必须要有精细的头脑,找准自己的发展出路;第三,必须要有勤奋、创新、求实的精神;第四,要把握住一切机会,及时地发展自己。

[小结] "并战计"的制胜逻辑

"并战计",作者设想的运用场景是兼并战,这是中国古代普遍的作战形式。孙子之所以坚持说"知彼知己,百战不殆",而不说"知敌知己,百战不殆",就是因为自古以来的战争大多是联盟作战、两大阵营之间对阵,所以孙子提醒将领们要全面了解对方联盟或阵营的情况,而不局限于单个的敌人。《三十六计》中的"并战计"重点也是强调联合作战。交战双方往往各自联络盟国一起作战,联盟有时非常稳固,有时也十分松散,这就要求主帅要善于用计、用谋,巩固自己的联盟,同时打破和削弱对方的联盟，方能战而胜之。针对这种情况，《三十六计》的作者提出了六条计谋。

第一步是兼并友军，扩大自己的势力。这就要采用"偷梁换柱"之计。在与友军联合作战过程中，要设法使其频繁地变动阵容，调开其主力，让他自成败势，然后乘势取而代之。

第二步是统一联盟部队，激励三军将士。"指桑骂槐"之计形象地揭示了这一计谋。强者驾驭弱者要用警告的办法来诱导他，要态度威严而顺应人情，手段果敢而顺乎情理，以此来巩固和扩大联盟。

第三步是韬光养晦，保持联盟稳定。可采用"假痴不癫"之计。此计强调在联盟中处于首领地位时不可显得过于强势，宁可假装糊涂而不采取行动，也不要自作聪明而轻举妄动，如此深藏真实动机而不露，对付友军可增进感情，对付敌人则可使其麻痹大意。

第四步是督促联军出战，全力一致对敌。这就要采用"上屋抽梯"之计。联军作战中，要为各部队提供有利的条件和武器装备，并许之以利，使之前出作战，然后断其救援，使之陷入绝境，不得不拼死决战。

第五步是借助友军力量，营造有利态势。这是"树上开花"之计所要达到的效果。借助友军的有利局面或强大势力布成有利的阵势，即使自己的兵力弱小，但阵容仍然显得强大。对敌而言，就是要设置假情况，巧布迷魂阵，以虚张声势，威慑敌人。

第六步是逐步发展势力，最终掌握联盟主权。这就需要采用"反客为主"之计。乘着间隙插足进去，设法控制其首脑要害机关，循序渐进，逐步占据主动地位。

综合上述六计，可以说这一套计主要围绕着如何统一联盟、如何指挥联盟、如何稳定联盟，以及如何控制联盟主导权等问题展开的。有些计谋看起来不太地道，但从古代战争的实际来看，操纵联盟作战有时不得不用计谋。

六

暗施"败战计",
迅速摆脱竞争困境

[篇题解析]

败战,不一定专指失败的作战,大致意思应该是指处于劣势,或者陷入困境的情况。《汉书·刑法志》有言:"善师者不陈(zhèn),善陈者不战,善战者不败,善败者不亡。"意思是说,善于用兵的人不争胜于阵前,善于战阵拼杀的人不轻易攻击,善于进攻攻击的人不容易失败,善于应对败局的人不容易灭亡。人们往往颂扬"善师者""善阵者""善战者",忽略"善败者"。其实,真正的英雄应当是既善战又善败的人。就像日常生活中,不少人在顺风顺水的状态下意气风发,志得意满,一旦面临败局或颓势就一蹶不振,放弃拼搏。往往成大事者,恰恰是那些能屈能伸,善胜善败之人。可以说,应对败局需要比应对胜局具有更高的智慧、更大的勇气。

古往今来的战场上,任何一方都不可能保证只胜不败。指挥水平高超的统帅,一旦面临败局无可挽回时,要尽可能地发挥主观能动性,力争将己方的损失降到最低,避免一败涂地,引发总体性、根本性的动摇、崩溃和覆灭。这一术语体现了在被动中寻求主动的辩证法,在现代社会具有更为广泛的应用。在这种情况下,更需要智慧、毅力和斗志,如果单纯拼死决战,可能败得更惨,这就需要多方面用计、用谋,迷惑敌人,削弱其优势,鼓舞自身官兵,使其无所畏惧,继续战斗,顽强拼搏。更重要的是,机会往往是自己创造出来的,在不利的情况下,如果灵活运用计谋，很有可能创造出有利的战机，使自己能够绝处逢生，转危为安，反败为胜。

市场竞争中也不会常胜不败。天外有天，山外有山。在商战中，往往会出现强中更有强中手，能人背后有能人的情况。在暂时处于劣势或败局的情况下，如何挽回败局，以劣胜优，或保存实力，等待时机，东山再起，"败战计"将给人以启示。

第三十一计　美人计

【原文】

兵强者，攻其将；将智者，伐其情。将弱兵颓，其势自萎。利用御寇，顺相保也。

［按语］兵强将智，不可以敌，势必事之。事之以土地，以增其势，如六国之事秦，策之最下者；事之以布帛，以增其富，如宋之事辽、金，策之下者也；惟事之以美人，以佚其志，以弱其体，以增其下之怨，如勾践之事夫差，乃可转败为胜。

【译文】

对兵力强大的敌人，要专门设法向其将帅进攻；对方将帅有智谋时，要首先打击其战斗意志。将帅斗志减弱，士兵就士气低沉，那么，敌军的战斗力也就必定丧失殆尽。因此，要利用一切可能，对敌将进行渗透分化，这样可以扭转战局并保护自己。

［按语］若敌军实力强大而且其将也非常明智，千万不可擅自出战，形势所迫必须暂时假意屈服敌人。屈服的方式很多：

割地求和，这势必增强敌人的势力，像战国时六国争相以地事秦那样，这是最下的策略；另外，用钱币和布匹讨好敌人，这势必增加敌人的财力与物力，像宋对辽、金那样，这也是不好的策略；只有运用美人计，来腐蚀敌酋意志、削弱他的体质，并能以此增加其部下的不满情绪，像越王勾践对吴王夫差那样，这样才能转败为胜，变弱为强。

【精要新解】

在《三十六计》中，美人计被列为"败战计"的第一计，可见在作者看来，这是一条摆脱困境、扭转败局的重要计谋。此计的解语中解释说："兵强者，攻其将；将智者，伐其情。将弱兵颓，其势自萎。"意思是，敌人兵力强大，就应该对付他的将领；敌军将领足智多谋，就应该设法打击他的意志。敌人将领斗志衰弱会直接导致部队颓废消沉，其势力自然就会萎靡不振。

那么，怎样打击敌人的意志呢？作者分析了三种方式。

一是"事之以土地"。"事"，即奉事，在这里作"讨好""侍奉"之意。割让自己的土地去讨好强大的敌人，只能使敌人的势力更加强大，就像战国时期六国侍奉秦国那样，这是最下等的策略。

二是"事之以布帛"。拿出金银布帛去进贡敌人，只能使敌人的资财更加富有，如同宋朝侍奉辽国和金国那样，也是下等的策略。

三是"事之以美人"。将美女进献给敌酋，以消磨其意志，削弱其体力，并且增加其部下的怨恨，就像越王勾践侍奉吴王夫差那样，这才能变弱为强，转败为胜。

六、暗施"败战计",迅速摆脱竞争困境

俗话说,英雄难过美人关。吴王夫差战胜越王时也曾是一位英雄,春秋末年,越国曾经一度被吴国打败,只剩下方圆不过百里的地盘,而且随时可能被吴王夫差灭掉。为了消磨吴王的斗志,打消其灭亡越国的念头,越王下令在境内挑选美女,最终选中了浣纱女西施和郑旦。大夫范蠡整整训练了她们三年,直待其能歌善舞、魅力四射之后,才将她们送给吴王。吴王的将军伍子胥一眼便看出了越国的用心,竭力规劝吴王不要贪恋女色。然而,一见到"回眸一笑百媚生"的西施,吴王早已魂不守舍了,哪里听得见逆耳忠言。从此以后,吴王春宵苦短,夜夜笙歌,整日沉迷于温柔乡之中,至于灭亡越国之事,早已抛到九霄云外去了。大诗人李白曾经赋诗一首,描绘了吴王沉迷于温柔乡的场面:

风动荷叶水殿香,姑苏台上宴吴王。

西施醉舞娇无力,笑倚东窗白玉床。

就在吴王整天与西施花天酒地、寻欢作乐的同时,越王勾践却暗中卧薪尝胆,鼓励生育,发展生产,扩充军队,经过20年努力,越国国力和军力逐渐强大起来。公元前482年,吴国大旱,灾民遍野,而吴王却率领大军北上与齐晋等国争霸,国内兵力空虚。趁此时机,越王勾践突出奇兵,进攻吴国都城姑苏。经过一番激战,吴国最终被越国所灭,夫差被迫自刎而死。

吴王夫差虽称霸一时,却敌不过越女的温柔一笑。可见得,所谓"温柔乡",实际上是"英雄冢",一旦沉溺于温柔的陷阱之中,便会斗志尽消,离败亡也就不远了。前几年有位著名教授说:"越王勾践最不是个东西,卧薪尝胆的励志故事,不要再讲了!"其对越王勾践的猥琐之举表达出极大的蔑视,这种浩然正气令人心生敬意,然而如果真正身处越王勾践当时的境

地，一人荣辱关系千万百姓生死的时候，恐怕会是另外一种说法了。

"美人计"是战争中常用的手段，可大用，亦可小用，可长时间用，也可以一次性用。越王勾践是从战略全局上采用此计，相比之下，20世纪60年代以色列窃取苏制米格-21战机则是从战术上使用此计。

当时苏联将先进的"米格-21"战机提供给阿拉伯国家。深知"知彼知己，百战不殆"的以色列空军司令埃泽·魏茨曼向以色列情报机构摩萨德提出需求，需要一架货真价实的"米格-21"，以便研究其先进技术。于是，摩萨德开始行动，并将目标对准了伊拉克空军。摩萨德几经侦察，一位名叫穆尼尔的伊拉克空军飞行大队长进入了摩萨德的视野。穆尼尔是天主教徒，因这个原因其在伊拉克一直受到宗教歧视。同时，他对伊拉克轰炸北部库尔德人的行径深为不满。摩萨德认为他是值得"伐其情"的对象，于是派出一名"持有美国护照"的美女间谍主动接近穆尼尔，并成功地将其俘获，让他同意为以色列"偷"一架"米格-21"。1966年8月15日，穆尼尔在训练中驾驶"米格-21"改变航线，直飞以色列，以色列空军出动一个中队的"幻影"战斗机前往迎接护航。最终，穆尼尔驾驶"米格-21"顺利降落在以色列的一个机场上，并受到以色列空军司令霍德的欢迎。

通过研究这架"米格-21"，以色列获得了对阿拉伯国家的空中优势。23年后，摩萨德如法炮制，再次使用"美人计"，从叙利亚空军那里偷来一架苏制"米格-23"战斗机。摩萨德先后两次成功地从对手那里"偷"取先进战机，以窃取先进飞行技术，堪称现代战争史上成功运用"美人计"的典范。

第三十二计　空城计

【原文】

虚者虚之，疑中生疑。刚柔之际，奇而复奇。

[按语]虚虚实实，兵无常势。虚而示虚，诸葛而后，不乏其人。如吐蕃陷瓜州，王君焕死，河西汹惧。以张守珪为瓜州刺史。领余众，方夏筑州城。板干裁立，敌又暴至，略无守御之具，城中相顾失色，莫有斗志。守珪曰："彼众我寡，又疮痍之后，不可以矢石相持，须以权道制之。"乃于城上置酒作乐，以会将士。敌疑城中有备，不敢攻而退。

又如齐祖珽为北徐州刺史，至州，会有陈寇，百姓多反。珽不关城门，守陴者皆令下城，静坐街巷，禁断行人。鸡犬不乱鸣吠。贼无所见闻，不测所以。疑惑人走城空，不设警备。珽复令大叫，鼓噪聒天。贼大惊，顿时走散。

【译文】

没有设防的要故意显示其空隙，使敌人在疑惑中更加疑惑。在敌众我寡的紧急时刻，运用这种策略，可以产生奇妙又奇特的效果。

[按语]用兵必须虚虚实实，且没有固定的方式。势虚的就再显示其空虚，自诸葛亮之后运用此计的，实在不少。例如唐玄宗时（公元727年）吐蕃人攻陷了瓜州。守将王君焕战死，河西人民非常惊慌。张守珪继为瓜州刺史。他正带领民众修复城墙，刚埋好木桩和夹板，吐蕃人又突然来攻。城内没有防御设施，大家惊慌相视，毫无斗志。守珪说："敌众我寡，而且战争创伤还未平复，难以用弓箭、礌石与其对抗，必须用谋略对

付敌人。"于是，他下令在城上摆设酒席，请来乐工演奏，和将士们饮酒畅谈。吐蕃人到来，疑心城内设有伏兵，不敢攻击，撤围而去。

又如公元573年，北齐祖珽为北徐州刺史时，刚到职就遇上南陈大举入侵，当地民众也乘机发动暴乱。祖珽下令不关城门，让士兵下城在街巷防守，并禁止路上有人通行。全城寂静，鸡犬不鸣。南陈军队没有发现任何动静，摸不清情况，怀疑这是座空城，松懈了戒备。于是，祖珽命令士兵突然呐喊，声音震天。南陈军队大惊，生怕中了埋伏，立刻纷纷逃散。

【精要新解】

说起"空城计"，人们自然会联想到诸葛亮大敞城门，端坐城头，悠然抚琴的情景。其实，在中国历史上最早使用"空城计"的并非诸葛亮，早在春秋时期就已经有过出色的战例。

春秋时期，楚国的令尹（宰相）公子元，在其哥哥楚文王去世后，想占有漂亮的嫂子文夫人。虽然他用各种方法去讨好，但文夫人都无动于衷。于是他便想建立功业，以此来显示自己的才能，以讨得文夫人的欢心。

公元前666年，公子元亲率兵车六百乘，浩浩荡荡，攻打郑国。楚国大军一路连下几城，直逼郑国国都。郑国国力较弱，都城内更是兵力空虚，无法抵挡楚军的进犯。

郑国危在旦夕之际，国内君臣莫衷一是，有的主张赔款请和，有的主张拼一死战，有的主张固守待援。上卿叔詹认为，这几种主张都难解国之危难。他分析说："请和与决战都非上策。固守待援，倒是可取的方案。郑国和齐国订有盟约，而今有难，齐国定会出兵相助。只是空谈固守，恐怕也难守住。"君臣面面相觑，不知如何是好。这时叔詹说出自己的想法："公子元伐郑，实际上是想邀功图名，讨好文夫人。他一定急于求成，又特别害怕失败。我有一计，可退楚军。"

于是，郑国国君同意采用叔詹的计策。命令士兵全部埋伏起来，不让敌人看见一兵一卒。并下令店铺照常开门，百姓往来如常，不准露出一丝慌乱之色。同时，大开城门，放下吊桥，摆出完全不设防的样子。

楚军先锋官领兵到达郑国都城城下，见此情景，心里起了怀疑：莫非城中有了埋伏，诱我中计？遂不敢妄动，只好在原地等待公子元。公子元赶到城下，也觉得好生奇怪。他率众将到城外高地眺望，见城中确实空虚，但又隐隐约约看到了郑国的旌旗和甲士。公子元认为其中有诈，不可贸然进攻，决定派人先进城探听虚实，然后再采取行动。

这时，齐国接到郑国的求援信后，联合鲁、宋两国发兵救郑。公子元闻报，知道三国联军兵多势众，楚军定不能胜。好在也打了几个胜仗，还是赶快撤退为妙。为防止郑国军队出城追击，他下令全军将士人衔枚，马裹蹄，不出一点声响地连夜撤走。但所有营寨都原封不动，旌旗照样飘扬。

第二天清晨，叔詹登城一望，说道："楚军已经撤走。"众人见敌营旌旗招展，都不相信。叔詹说："如果营中有人，怎会有那么多的飞鸟盘旋上下呢？他也用'空城计'欺骗了我们，已悄悄撤兵了。"

从此以后，"空城计"便成为军事将领们的一个常用战法，衍生出一个又一个神奇的故事。

在《三十六计》中，"空城计"位列第三十二，是败战计中的第二计，是用于摆脱困境的一种计谋。其具体方法是："虚者虚之，疑中生疑；刚柔之际，奇而复奇。"

其中"虚者虚之，疑中生疑"，第一个"虚"为名词，意为空虚的、虚假的事物；第二个"虚"为动词，意为让它空虚、虚假。

"刚柔之际"，语出《易经·解卦》。可以理解为在敌强我弱、敌众我寡的紧急关头。

全句的意思是，兵力本来虚弱时，便可在表面上进一步显示出虚弱，让敌人在狐疑中更生狐疑。这就是《易经·解卦》中所说的，在敌众我寡、双方力量相差悬殊的紧急关头，可以用奇而又奇的计谋，摆脱强敌的威胁。

从这段解释文字中可以看出，所谓"空城计"不过是借历史故事之名罢了，其实质并不是要求人们具体重复空城的形式，而是要从中学会一种心理战术。这种心理战术真真假假，假假真真，真中有假，假中有真，真假难辨，虚实难分，故能使敌人狐疑不决，我则乘势取胜。这无疑是一着险棋，所冒的风险很大。而避免风险的关键，就在于要准确掌握对方将领的心理和性格特点，对症下药。叔詹敢于空城迎敌，是因为他清楚地了解公子元急于求成而惧怕失败的心理；诸葛亮敢于坐在城头抚琴，也是因为准确地把握了司马懿谨慎多疑的性格特点。

如果说诸葛亮的"空城计"是《三国演义》的作者虚构的话，毛泽东1948年在西柏坡上演的"空城计"却是千真万确的。

1948年冬，辽沈战役已经打响。就在东北战场国民党军节节告败的时刻，华北"剿总"司令官傅作义率步骑5个师，外加400辆汽车的快速部队，从北平、保定南进，佯装增援被人民解放军围困于太原的阎锡山，企图偷袭中共中央和毛泽东所

六、暗施"败战计",迅速摆脱竞争困境

在地西柏坡。

当时,东北野战军主力在辽西,华北解放军主力在太原、绥、察北以及冀东等地,而冀中一带兵力空虚,解放军确无主力部队。中央机关以及机要文书档案、中央保育院、幼儿园等,都刚刚从延安搬来,西柏坡只有一个警卫连的兵力及部分地方武装,总共不过1000人。敌我力量悬殊,情况十分危急。毛泽东、周恩来、朱德等几位领导人收到北平地下党组织冒着生命危险发来的十万火急的电报,立即聚集在军事地图前商讨对策。毛泽东指着地图笑道:"借用诸葛亮的'空城计'方可退敌!"

毛泽东撰写了揭露蒋介石、傅作义军妄图偷袭石家庄、我军民准备迎击的两条消息,并分别发表于10月26日、28日《人民日报》第一版:

(新华社华北二十五日电)确息:当我解放军在华北和全国各战场连获巨大胜利之际,在北平的蒋匪介石和傅匪作义,妄想以突击石家庄破坏人民的生命财产。据前线消息:蒋傅匪首决定集中九十四军三个师及新二军两个师经保定向石家庄进袭,其中九十四军已在涿县定兴间地区开始出动。消口又称:该匪部配有汽车,并带有炸药,准备进行破坏。但是蒋傅首此种穷极无聊的举动是注定要失败的。华北党政军各首长正在号召人动员起来,配合解放军,坚决、彻底、干净、全部地歼灭敢于冒险的匪军。

(新华社华北二十七日电)为了紧急动员一切力量,配合人民解放军歼灭可能向石家庄一带进扰的蒋傅匪军,此间党政军各首长已向保石线及其两侧各县发出命令,限于三日内动员一切民兵及地方武装,准备好一切可用的武器,以利作战,尤其注重打骑兵的方法。闻蒋傅两匪进扰石家庄一带的兵力,除

九十四军外，尚有新骑四师及骑十二旅，并附属爆破队及汽车百余辆，企图捣毁我后方机关、仓库、工厂、学校、发电厂、建筑物。……此间首长们指示地方各界，切勿惊慌，只要大家事先有充分准备，就有办法避开其破坏，诱敌深入，聚而歼之。今春匪扰河间，因我方事先毫无准备，受到部分损失，匪部也被其逃逸。此次务希全体动员对敌，不使敢于冒险的匪徒有一兵一车跑回其老巢。今年五月，阎傅匪曾有合扰石家庄的计划；保石线及正太线各县曾经一度动员对敌，后来阎匪军一师在盂县被歼，傅匪惧歼未动，但保石线人民已有了一次动员的经验；此次因蒋匪在北平坐督，傅匪不敢不动。华北军区已向各县指出，不要以为上次未来，此次也不会来，不作准备，致受损失。即令敌人惧歼不来，我有此种准备总有利无害。

傅作义看到这二则电讯，顿时觉得后背一阵发凉，立即与左右反复猜测共产党是否在搞"空城计"？商讨的结论是，解放军虽然已经知道了这次行动，但解放军主力一时还到不了保定地区，对付第7纵队是不成问题的。最后，傅怀着侥幸心理，下决心继续按原计划进军。

10月29日早晨，毛泽东又为新华社写了一篇口播稿，由广播员在话筒前向全国播出。毛泽东的这份文稿写道："傅作义匪军郑挺锋、刘春芳、鄂友三、杜长城（爆炸队长）等部总共不过2万人，昨28日已窜至保定以南之方顺桥。郑匪九十四军只来两个师，留一个师在涿县定兴线。刘、鄂等匪在郑匪背后跟进中。"

10月31日，毛泽东再次为新华社撰写了一篇述评。他嘲笑蒋介石在东北战场的失败，揭露了傅作义部企图偷袭石家庄的阴谋，写得气势磅礴，深刻有力：（新华社华北三十一日电）当着国民党军队的将军们都像一些死狗,咬不动人民解放军一根毫毛,而却被人民解放军赶打得走投无路的时候,白崇禧傅作义这两匹似乎还有一点生命力的狗子,就被美国帝国主义者所选中,成了国民党的宝贝了。蒋介石已经是一具僵尸,没有灵魂了,什么人也不再相信他,包括他的所谓"学生"和"干部"在内。在美国指令之下,蒋介石提拔了白崇禧、傅作义。白崇禧现在已是徐州、汉口两个"剿总"的统帅,傅作义则是北线的统帅,美国人和蒋介石现在就是依靠这两匹狗子挡一挡人民解放军。但是究竟白崇禧、傅作义还有几个月的寿命,连他们的主人和他们自己也不知道。蒋介石最近时期是住在北平,在两个星期内,由他经手送掉了范汉杰、郑洞国、廖耀湘三支大军。他的任务已经完毕,他在北平已经无事可做,昨天业已溜回南京。蒋介石不是项羽,并无"无面目见江东父老"那种羞耻心理,他还想活下去,还想弄一点花样去刺激一下已经离散的军心和人心,亏他挖空心思,想出了偷袭石家庄这样一条妙计。蒋介石原先是要傅作义组织一支轻兵去偷袭济南的,傅作义不干。偷袭石家庄,傅作义答应了,但要两家出本线。傅作义出骑兵,蒋介石出步兵,随上些坦克和爆炸队,从北平南下了。真是异常勇敢,一个星期到达了望都地区,指挥官是郑挺锋。从这几天的情报看来,这位郑将军似乎感觉有些什么不妥之处,叫北派援军。又是两家合股,傅作义派的是第三十五军,蒋介石派的是十六军,正经涿州南下。这里发生一个问题:究竟他们要不要北平?现在北平是这样的空虚,只有一个青年军二零八师在那里。通州也空了,平绥东段也只不过稀稀拉拉的几个兵了。总之,整个蒋介石的北方战线,整个傅作义系统,大概只有几个月就要完蛋,他们却还在那里做石家庄的梦。

毛泽东的4篇文稿将傅作义偷袭西柏坡的计划、部署、部队番号、行动路线统统公之于众,引起全民关注。同时,周恩来等各位领导人迅速展开兵力部署、调集各路援兵的一系列举措也显示出解放军确实已经组织起百万军民严阵以待。做贼心虚的傅作义立即像当年的司马懿一样迅速退兵,挖空心思设计的偷袭计划,就这样半途而废,宣告破产了。

第三十三计 反间计

【原文】

疑中之疑,比之自内,不自失也。

[按语] 间者,使敌自相疑也;反间者,因敌之间而间之也。如燕昭王薨,惠王自为太子时,不快于乐毅。田单乃纵反间曰:"乐毅与燕王有隙,畏诛,欲连兵王齐。齐人未附,故且缓攻即墨,以待其事。齐人惟恐他将来,即墨残矣!"惠王闻之,即使骑劫代将。毅遂奔赵。如周瑜利用曹操间谍,以间其将,亦疑中之疑之局也。

【译文】

在疑局中再设一疑局,使来自敌内部的间谍归顺于我。这样,我军从外配合,就能获胜。

[按语] 何为间谍者,就是设法挑唆敌营内部互不信任;何为反间者,就是利用敌人离间我方的阴谋,再转而对敌使用。战国时期,燕昭王死去,继位的惠王从当太子时起,便与大将乐毅不和。齐国大将田单即利用这一矛盾,乘机派间谍到燕国去施用离间计策,故意散布谣言说:"乐毅和燕惠王早已结仇,

怕惠王杀他，因而借口攻齐，其实是想联齐自立为王。目前因齐还未归顺，所以乐毅不急于攻打即墨，而是为了等待时机、成其大事。现在齐国最怕燕王另派大将前来，如果那样，即墨恐怕早已陷落。"燕惠王听信了谣言，便立刻撤去乐毅之职，改派大将骑劫前去接任。乐毅不得不逃亡到赵国。另外，三国时，东吴大将周瑜曾经利用曹操派来的间谍再去离间曹军，这也是在疑阵中再设疑阵的谋略。

【精要新解】

乍一听"反间计"这个词，可能会认为这是反对间谍的计谋。其实不然，恰恰相反，它是一种间中间、谍中谍的用间术。

古人对间谍在军事中的作用看得很重，强调"上智为间"，即具有上等智慧的人才能充当间谍。《孙子兵法·用间篇》中，把间谍分成五类：有因间，有内间，有反间，有死间，有生间。"反间者，因其敌间而用之"，"故反间可得而用也"。即通过巧妙的方法，收买或利用敌方派来的间谍为我效力。显然，这是一种"以其人之道，还治其人之身"的计谋。

在《三十六计》中，"反间计"排列在第三十三位。其解语是："疑中之疑。比之自内，不自失也。"其中的"疑中之疑"，意为在疑阵中再布疑阵。"比之自内，不自失也"，语出《易经·比卦》。比，有辅助之意。可以理解为有来自敌人内部的辅助，所以攻击敌人是有把握的，不会遭到损失。全句的意思是，利用敌人给我布下的疑阵，反过来给敌人设下疑阵。这就像《易经·比卦》所说的，有来自敌人内部的辅助，我就能取得胜利，而不会受到半点损失。

至于如何使用反间，杜牧在《十一家注孙子》中曾经做过解释:"敌有间来窥我,我必先知之。或厚赂诱之,反为我用;或佯为不觉,示以伪情而纵之,则敌人之间,反为我用也。"意思是说,在敌方派间谍来刺探我方军情时,我方应及时查获,然后用重金收买,为我所用;或者佯装不知,故意让他获得并传递假情报,使敌方判断错误,造成对我方有利的局面。三国时期,赤壁大战前夕,周瑜巧用"反间计"杀了曹操手下精通水战的将领蔡瑁、张允,显然用的是第二种方法。

《三国演义》第四十五回说道:曹操率领83万大军,浩浩荡荡杀到长江边,准备投鞭断流,跨过长江,灭掉割据江东的孙权。于是,孙权联络刘备,两军联合抗曹,然而兵力仍比曹军要少得多。

曹操的将士大多生长在北方,不习水性,不惯水战。面对横亘在面前的长江,曹操知道靠那些北方旱鸭子是不行的,于是他重用原荆州水军降将蔡瑁、张允,掌管训练水军。蔡、张两人一直生活在长江边,熟悉水战,有他们协助,曹操无异于如虎添翼。

消息传来,东吴大将周瑜心中大惊。深知要击败曹军,必须先除掉这两个心腹大患。

正当周瑜苦思冥想之时,忽听手下报告,自己过去的老同学蒋干过江来访。周瑜心中一阵狂喜:这真是天助我也!

原来,蒋干是曹操帐下的谋士之一,为了表现自己的才能,邀功请赏,主动提出到江南劝说周瑜投降。

周瑜十分清楚蒋干的来意,随即心生一计。他热情款待蒋干,酒席筵上,周瑜让众将作陪,炫耀武力,并规定只叙友情,不谈军事,"堵"住了蒋干的嘴。

周瑜佯装大醉,约蒋干同床共眠。蒋干见周瑜不让他提及劝降之事，心中不安，哪里能够入睡。他偷偷下床，见周瑜案上有一封信。他偷看了信，原来是蔡瑁、张允写来的，约定与周瑜里应外合，击败曹操。这时，周瑜说着梦话，翻了翻身子，吓得蒋干连忙上床。过了一会儿，忽然有人要见周瑜，周瑜起身和来人谈话，还装作故意看看蒋干是否睡熟。蒋干装作沉睡的样子，只听周瑜他们小声谈话，听不清楚，隐约听见提到蔡、张二人。于是蒋干对蔡、张二人和周瑜里应外合的计划确认无疑。

蒋干托词连夜赶回曹营，让曹操看了周瑜伪造的信件，曹操顿时火起，杀了蔡瑁、张允。等曹操冷静下来，才知中了周瑜的反间之计，但悔之晚矣。曹操错杀了深知水战的得力战将，无疑是赤壁之战大败的一个重要原因。

随着现代通信技术的发展，在现代战争中，"反间计"的内涵、外延都发生了深刻的变化，双重间谍，多重间谍，更使"反间计"的运用涂上了神秘的色彩，也使"反间计"的运用更加扑朔迷离。

1948年8月，辽沈战役即将拉开战幕，当时我军重点关注的问题是：辽沈战役是一场"关门打狗"的大歼灭战，如何神不知、鬼不觉地将我北满、东满数十万大军南调锦州方向，以形成"关门打狗"之势？参谋长刘亚楼提出："为避免敌军阻止我南下，可派出一部电台发假情报迷惑敌人，造成他们判断和指挥上的失误。"当时，东北野战军刚刚破获国民党国防部二厅长春站派到哈尔滨刺探我军事情报的特务组，并缴获了一部编号为257的电台，而敌人尚未察觉。

经过反复研究，东北野战军司令部决定以4个师的兵力向南开进，作出佯攻沈阳的假象，将敌人的注意力吸引到东线上来，而我方进攻锦州的大军则趁机隐蔽地沿四平、郑家屯、阜新西线迅速南下，出其不意地进入锦州外围。东北野战军佯动开始后，257号电台发出情报，称共军有4个师正在白城子至四平、吉林至沈阳之间向南运动。沈阳守敌经过空中侦察和地面特务报告，发现确实有共军"大部队"正向南开进，民工大队也沿着吉沈公路疾驰，于是迅速判断：共军"主力"将要围攻沈阳。然而，东北"剿总"总司令卫立煌对此将信将疑。他分析共军为何不打孤城长春，而偏要远取沈阳？如果共军出兵锦州，后果将不堪设想。于是他急令空军进行侦察，但并没有找到共军攻打锦州的迹象，最终257号电台的情报得到了默认。东北野战军主力部队因此得以顺利进抵锦州地区。

在商战中，"反间计"多用于商业情报的获取。收买对手企业中的关键人物，使其倒戈，或提供经济技术情报，是"反间计"在现代商战中的最直接运用。美国石油大王洛克菲勒是惯用此法的高手。他的高级管理层中，许多人来自竞争对手的企业。在每次竞争中，他都认真分析对手阵营的详细情况，然后从中找出关键人物，调查其家庭、爱好、事业，进而找出对付的方法，或是摧毁，或是诱而用之。

亚吉波多，原是泰塔斯维石油产地"生产者同盟"的中坚人物。"生产者同盟"最初拟定了"每桶4美元"的原油保护价。后来，因生产严重过剩，"生产者同盟"决定采取半年内不准开采新油井的管制措施。但洛克菲勒向这个石油产地伸出了手：他高价收购原油，每桶4.75美元。金钱利益迅速瓦解了"生产者同盟"的"自我约束"，人们不再顾及什么"不准开采新井"的禁令，纷纷开采新井。洛克菲勒又派出大批掮客，怂恿人们同他的标准石油公司签订供需合同，但合同上根本没有保持油价的条款，油价是浮动的。标准石油公司保证每天购进1.5万桶原油，当购入 20 万桶后，突然解除合约，抢卖热潮随即结束。这时疯狂开采的结果便是原油的日产高达 5 万桶，洛克菲勒便大肆压价，每桶 2 美元，人们也只能乖乖听其摆布，致使许多原油开采企业相继破产。而洛克菲勒却获得了又一块原油产地的垄断权。

两年后，一家新公司在泰塔斯维成立，公司名叫艾克美，所有者正是亚吉波多。新公司很快开始收购同类企业的股票。人们这才醒悟，亚吉波多被洛克菲勒收买了，他们都成了牺牲品。亚吉波多是洛克菲勒在产油区埋下的伏兵，洛克菲勒正是通过他这个"生产者同盟者"的中坚人物，一步步实现上述计谋并瓦解该同盟的。商战反间，形形色色，防不胜防，需要记住的是，在向对手施用"反间计"的同时，也要防止自己阵营中的"叛徒"。

第三十四计　苦肉计

【原文】

人不自害，受害必真；假真真假，间以得行。童蒙之吉，顺以巽也。

[按语] 间者，使敌人相疑也；反间者，因敌人之疑，而实其疑也。苦肉计者，盖假作自间以间人也。凡遣与己有隙者以诱敌人，约为响应，或约为共力者，皆苦肉计之类也。

【译文】

任何人都不愿自己伤害自己，若受到伤害必定是真的；我以假作真，以真作假，并使敌相信时，离间计谋就可以实现。

因而，要善于迎合敌营内部的同情心理，顺势进行活动。

［按语］间谍就要利用矛盾使敌人互相猜疑，反间就要让敌之间谍窃取我预设的假情报，并千方百计使其信以为真。运用苦肉计，就要假装受到迫害以便打入敌内，再乘机进行间谍活动。凡是派遣与己有矛盾的人去诱骗敌人，不论作为内应，或协同作战，都是苦肉计一类的计谋。

【精要新解】

"苦肉计"，简单地说，就是一种让自己的皮肉吃点苦头的计谋。《三十六计》的作者将之列为第三十四计。具体意思是："人不自害，受害必真；假真真假，间以得行。"也就是说，常理之下，一个人是不会自己残害自己的。因此，一旦受到残害，旁人一般就会相信他是真的受到了伤害。我如能把假的做得像真的一样，敌人就会相信是真的，而不会怀疑是假的。这样，离间之计就可以实行了。

在古代军事和政治斗争中，"苦肉计"往往与"反间计""离间计"配合使用。"苦肉计"之所以能成功，是因为它通过自伤的反常规手段，诱使敌人按常规思维，对表面假象深信不疑，从而达到克敌制胜的目的。《三国演义》中，东吴都督周瑜与老将黄盖合演了一场"苦肉计"。赤壁大战前夕，曹操率兵攻打东吴。在强敌压境的形势下，周瑜与黄盖二人订下诈降之计。为使曹操相信，周瑜故意痛打黄盖，黄盖假装愤而投敌。当曹操高兴地迎接黄盖投降时，黄盖的船突然起火，火借风威，风助火势，曹操数十万大军被烧得大败而逃。

不过，周瑜打黄盖的故事还不是"苦肉计"的最早源头。据《吴越春秋》卷二《阖闾内传第四》记载，早在春秋时期，

六、暗施"败战计"，迅速摆脱竞争困境

就发生过用"苦肉计"行刺的故事。

公元前515年，阖闾设计杀了吴王僚，夺得王位。当时，吴王僚的儿子庆忌正在卫国扩大势力，准备攻打吴国，为父报仇，夺取王位。

阖闾整日提心吊胆，要大臣伍子胥替他设法除掉庆忌。伍子胥想出了一个行刺计划，并向阖闾推荐了一位智勇双全的勇士，名叫要离。阖闾见要离矮小瘦弱，说道："庆忌人高马大，勇力过人，如何杀得了他？"要离说："刺杀庆忌，要靠智不靠力。只要能接近他，事情就好办。"阖闾说："庆忌对吴国防范最严，怎么能够接近他呢？"要离说："只要大王砍断我的右臂，杀掉我的妻子，我就能取信于庆忌。"阖闾不肯答应。要离说："为国亡家，为主残身，我心甘情愿。"

不久之后，吴国都城姑苏忽然流言四起：阖闾弑君篡位，是无道昏君。吴王下令追查，原来流言是要离散布的。阖闾下令捉了要离和他的妻子，要离当面大骂阖闾为昏王。阖闾便斩断了他的右臂，把他夫妻二人关进监狱。

几天后，伍子胥让狱卒放松看管，让要离乘机逃出。阖闾又以严加惩处的名义，杀了要离的妻子。这件事很快传遍吴国，邻近的国家也都知道了。要离逃到卫国，求见庆忌，要求庆忌为他报断臂杀妻之仇，庆忌接纳了他。

要离成为庆忌的贴身亲信后，向庆忌提出破吴之策，庆忌采纳。后庆忌乘船向吴国进发，要离乘庆忌没有防备的时候，从背后用矛尽力刺去，刺穿了庆忌的胸膛。庆忌的卫士要捉拿要离。庆忌说："敢杀我的也是个勇士，放他走吧！"最终，庆忌因失血过多而死。家毁身残的要离完成了刺杀庆忌的任务，也自刎而死。

要离的故事告诉人们,"苦肉计"是一种难度非常之大的计谋。难就难在必须假戏真唱,以假当真,演得越真切,成功的可能性越大。演戏人不仅会受皮肉之苦,有时还要掉胳膊、断腿,甚至丢掉家人的性命。

相比于要离的皮肉之苦,第二次世界大战中英国的"苦肉计"则更为沉痛,英国为了赢得胜利,甚至付出了一座城市的沉重代价。

第二次世界大战爆发后,希特勒命纳粹德军采用一种名为"恩尼格码"(又称"哑谜")的密码机进行机密通信,而且德国自信这种最新、最复杂的通信密码不可能被破译。对此,英国政府组织万余人攻关,并用重金收买波兰密码专家予以帮助,1939年年底,这个"超级密码"最终被破解,顺利破译出德军的机密电文。

此后,德军空中进攻多次遭受失败,希特勒开始怀疑密码泄露,于是制订名为"月光奏鸣曲"的作战计划,突袭英国城市考文垂,以此来证实自己的怀疑是否正确。为此,德军情报部门将作战指令发给前线德军,并密切注视英方的反应。11月12日,英方通过"超级密码"截获了这一情报。但是,如何应付这次空袭,首相丘吉尔面临着两难选择:一方面,考文垂城在英国建筑史上占有重要的地位,是英国重要的工业城市;另一方面,"超级机密"对于掌握德军高层动向至关重要,直接影响未来战局的发展。如何取舍,作战部门提出两种方案:一是采取主动措施保卫考文垂。然而这样做,将不打自招,德国极有可能怀疑自己的密码被破译,并立刻更换新的密码系统,"超级机密"将失去作用。另一种方案是让考文垂的防务措施原封不动,对空袭保持平常的反应,用牺牲考文垂来保住"超级机密"。丘吉尔考虑再三,认为获取敌方情报胜于一切,最后忍痛作出决定:考文垂不做防御疏散。

在此次空袭中,考文垂遭到毁灭性打击:500多家店铺和5万多间民房被炸毁;12家飞机零件工厂处于瘫痪状态。空袭共炸死554人,炸伤4800多人。但历史证明,丘吉尔这一"苦肉计"为最终打败德国法西斯做出了巨大贡献。英国情报机构利用它掌握的"超级机密",多次截获敌人的重大情报,给德军以沉重的打击,最终迫使希特勒放弃了在英国登陆作战的"海狮计划"。

"人不自害,受害必真;假真真假,间以得行。"苦肉计的这一谋略内核在现代商战中也被人们以多种方式加以运用,概略来说主要有以下几种方法:

第一种,原封不动把古法化为今用。在向竞争对手派出经济间谍刺探情报时,用"苦肉计"来博取对方的信任。当然,今天绝不能采用挖眼睛、断胳膊一类的做法,只能用现代的"苦肉"方法,如降职、降薪、开除等。

第二种,经营上的"苦肉计"。如转让正在畅销的商品,出售盈利状况良好的工厂,或做赔本的买卖等,都是"苦肉计"在经营中的具体运用。当然,经营上的"苦肉计",一定是别有用心的,是为了放长线钓大鱼。

第三十五计　连环计

【原文】

将多兵众,不可以敌,使其自累,以杀其势。在师中吉,承天宠也。

［按语］庞统使曹操战舰勾连，而后纵火焚之，使不得脱。则连环计者，其法在使敌自累，而后图之。盖一计累敌，一计攻敌，两计扣用，以摧强势也。如宋毕再遇，尝引敌与战。且前且却，至于数四，视日已晚，乃以香料煮黑豆，布地上，复前搏战，佯败走。敌乘胜追逐，其马已饥，闻豆香就食，鞭之不前。遇率师反攻之，遂大胜。皆连环之计也。

【译文】

敌军兵力强大，就不要去硬拼，应当运用计谋使其自相钳制，借以削弱其战斗力。将帅巧妙指挥用兵如神，会像天神保佑一样。

［按语］三国时蜀国庞统诈降曹营，怂恿魏国曹操把水军舰船用铁索固定起来，然后使用火攻，让其船只无法逃走。连环计就是叫人行动不灵并自相钳制，然后再谋攻围歼的策略。前计累敌，后计攻敌，两计结合运用，足以摧毁强敌。再如宋代名将毕再遇，用计引诱金兵出战却不与之交手，总是忽进忽退，再三缠住敌人。看天色已暗，金兵及马匹都疲惫不堪，毕再遇便命人把预先用香料煮好的黑豆撒到地上，然后再去挑战，但稍一接触又马上假装败退。敌人企图乘胜穷追，可是已经饥饿的战马嗅到豆香气味，只顾争抢吃豆，无论怎样鞭打，都不肯走动。这时，毕再遇才调集部队展开反攻，大获全胜。这用的都是连环计。

【精要新解】

学习兵法词句，只是初级阶段，灵活运用兵法精髓，才是高级阶段。照搬照套兵法词句去指挥作战的，十有八九要失败；

而根据战场实际情况，灵活运用兵法精髓指挥作战的，则鬼神难测，常打胜仗。那么，如何灵活运用呢？重要的方法之一，是数计并用，计中有计，环环相扣，也就是人们常说的"连环计"。

在《三十六计》中，"连环计"是第三十五计。具体意思是，"将多兵众，不可以敌，使其自累，以杀其势"。这里的"累"，不是劳累，而是系累，即捆绑、束缚之意。全句的意思是说：敌人将领众多，兵力强大，不能同它死打硬拼，应当设法使敌人自相钳制，以削弱其势力。

作者在此计的按语中进一步解释了其方法。即：用一条计策束缚敌人的手脚，再用另一计策进攻敌人，两条计策结合使用，便可以摧毁强大的敌人。其实，在实际战争中，有时甚至可能三条、四条计策综合使用，形成一个完整的计谋链条，即使敌人能识破其中的一部分，也难以识破全部。这样，便可将敌人引入预先设计好的圈套之中。三国时期的赤壁之战就是这样的一个典型。

在"反间计"一篇里，我们讲了周瑜诱使曹操误杀蔡、张二将，曹操后悔莫及。

在"苦肉计"一篇里，我们又提到"周瑜打黄盖，一个愿打，一个愿挨"的诈降之事。周瑜的这些计谋为日后实施"火攻计"奠定了基础。

两计得手之后，周瑜又想出了一个"锁船计"。

话说黄盖被周瑜暴打一顿后，私下派人送信给曹操，大骂周瑜，表示一定寻找机会前来降曹。曹操将信将疑，于是派蒋干再次过江查看虚实。

周瑜见到蒋干，心中暗喜，表面上却装出十分气愤的样子，指责他盗书逃跑,坏了东吴的大事,并把他软禁在西山的一个小庵之中。其实,周瑜想再次利用蒋干,所以名为软禁,实际上又在诱他上钩。

一日,蒋干心中烦闷,在山间闲逛,听到一间茅屋中传出琅琅书声。蒋干进屋一看,见一隐士正在读兵法,攀谈之后,知道此人就是与诸葛亮齐名的庞统先生。于是,蒋干自作聪明,劝庞统投奔曹操,并夸耀曹操最重视人才,先生此去,定得重用。庞统满口答应,并偷偷把蒋干引到江边僻静处,一同坐船悄悄驶向曹营。

曹操得了庞统,十分欢喜,言谈之中,很佩服庞统的学问。曹操陪同庞统巡视了各营寨,并请他提意见。庞统说:"北方兵士不习水战,在风浪中颠簸,肯定受不了,怎能与周瑜决战?"曹操问:"先生有何妙计?"庞统说:"曹军兵多船众,数倍于东吴,不愁不胜。为了克服北方兵士的弱点,何不将船连锁起来,平平稳稳,如在陆地之上。"曹操一听,觉得这确实是便于北方人在水上作战的好计策,便立即令军中所有铁匠连夜赶造铁环,然后命令水军,每十艘战船用铁环牢牢扣住,船上铺上木板,这样,果然像平地一般安稳,将士们都十分满意。

曹操哪里会想到此乃周瑜一计。原来庞统早与周瑜谋划,故意向曹操献锁船之计,以便周瑜实施火攻之计。

建安十三年(公元208年)冬至,天空突然刮起了少见的东南风,正适合周瑜从长江南岸发起火攻。于是,黄盖按周瑜的计划,给曹操送去一封信,约定当晚带几十只船到江北投降。黄昏时分,风越刮越大。黄盖率领几十只大船,每只大船船尾拴着两三只小船。船上满载油、柴、硫、硝等引火材料,遮得严严实实,里面躲着弓箭手。他们按事先与曹操联系的信号,插上青牙旗，飞速渡江诈降。曹营官兵，见是黄盖投降的船只，并不防备。忽然间，黄盖的船上火势熊熊，直冲曹营。风助火势，火乘风威，曹营水寨的大船一个连着一个，想分也分不开，一齐着火，越烧越旺。这时，周瑜早已准备好快船驶向曹营，只杀得曹操数十万人马一败涂地。

按说，曹操也是一代英雄，精通兵法。在我国历史上，现今可考的第一位为《孙子兵法》作注解的就是他。然而，即使这么一位文武双全的人也难以识破周瑜的一计又一计，足见连环用计的神奇力量。

第三十六计　走为上

【原文】

全师避敌。左次无咎，未失常也。

[按语] 敌势全胜，我不能战，则必降、必和、必走。降则全败，和则半败，走则未败；未败者，胜之转机也。

如宋毕再遇与金人对垒，一夕拔营去，留旗帜于营，豫缚生羊悬之，置前二足于鼓上；羊不堪倒悬，则足击鼓有声。金人不觉，相持数日。始觉之，则已远矣。可谓善走者矣。

【译文】

全军退却避开强敌，以退为进伺机破敌。用退却的办法避开危险，同正常用兵法则并不违背。

[按语] 当敌军占绝对优势，而我方毫无战胜可能时，只有投降、媾和或退却三条出路。投降是彻底失败，媾和算是一半失败，退却未必是失败；没有失败，就有可能找到胜利的转机。

例如宋代毕再遇抵抗金兵时，由于敌我力量众寡悬殊，他便在一个夜晚偷偷把守军全部撤走，只把旗帜留在营地，并预先把羊倒挂起来，使羊的前腿垂在鼓上。羊因受不了倒挂之苦而拼命挣扎，于是把鼓敲得咚咚响。金兵日夜听到鼓声，根本没有料到宋军早已撤尽。几天以后才发觉，但是，毕再遇已经远去了。所以，这也称得上是善于退却的最佳战例。

【精要新解】

走，在古代汉语中是"跑""逃跑"的意思。"走为上"，不是说逃跑就是最好的计策，而是说在某些情况下，逃跑或退却是最好的办法。那么什么情况下"走为上"呢？《三十六计》最后一计的解语中说："全师避敌。左次无咎，未失常也。""全师避敌"，指保全军队，避开强敌。"左次无咎，未失常也"，语出《易经·师卦》。"左次"，即退却；"咎"，指错误、罪责。全句的意思是说，在形势不利的情况下，为了保全军队，应该主动退却，避免与敌人决战。这就是《易经·师卦》所说的，退却避敌不算错，因为这样做并没有违背用兵的一般法则。

显然，这是一种主动退却，保存力量的谋略。

孙子曾说："少则能逃之，不若则能避之。"认为在兵力比敌人少，综合实力不如敌人的时候，要避免与敌人正面冲突，暂时回避。因为，在敌人有绝对优势，我军无法取胜的情况下，只有投降、媾和和退却三条出路。投降，是彻底失败；媾和，属于半败；退却，则不是失败，而且可以成为胜利的转机。从这个意义上来说，"走为上"并没有违背用兵的一般法则。这种情况下的"走"，绝不是消极地逃跑，也不是盲目地撤退，而是如同俗话所说的"留得青山在，不怕没柴烧"，为以后的反败为胜创造条件。当年刘邦就是因为"走"得及时,才有后来的一番伟业。

秦朝末年,刘邦与项羽各自攻打秦王朝的部队,出征前,楚怀王与他们约定,先入关中者为王。关中,即秦始皇的都城咸阳。刘邦走西路,先破咸阳,项羽大怒,派当阳君进击函谷关。项羽入咸阳后,驻军于鸿门,而刘邦则居于霸上。刘邦的左司马曹无伤派人在项羽面前说刘邦打算在关中称王,项羽听后更加愤怒,决心击败刘邦的军队。这时,项羽的军队有40万人,刘邦只有10万人,双方力量相当悬殊。

刘邦从项伯口中得知此事后,大吃一惊,便设宴款待项伯,还在席上与之约为亲家。刘邦通过感情拉拢,说服了项伯,项伯答应为其在项羽面前说情,并让刘邦次日前往项羽军营中以"谢罪"之名缓和两人的关系。

第二天,刘邦带领100多人马到鸿门来见项羽,谢罪说:"我和将军合力攻打秦国,将军在黄河以北作战,我在黄河以南作战,然而我没有料想到能够先入关攻破秦国。现在有小人传流言,使将军和我有了隔阂……"项羽说:"这是你左司马曹无伤说的。不然的话,我怎么会这样呢?"紧张的关系暂时松弛了下来。于是,项羽叫人摆上宴席,邀请刘邦同他饮酒。

鸿门宴上,虽不乏美酒佳肴,但却暗藏杀机,项羽的亚父范增,一直主张杀掉刘邦,在酒宴上,一再示意项羽发令,但项羽犹豫不决,默然不应。范增令项庄舞剑为酒宴助兴,趁机杀掉刘邦,项伯为保护刘邦,也拔剑起舞,有意阻挡项庄。在这危急关头,刘邦部下樊哙带剑拥盾闯入军门,怒目直视项羽,项羽见此人气度不凡,便问来者为何人,当得知是刘邦的参乘时,即命赐酒,樊哙立而饮之,项羽又命赐予猪腿。樊哙一边狂饮狂吃，一边述说刘邦进入关中后如何爱护百姓，如何拒不进宫以待项王等。项羽无言以对。刘邦深知，此时不能硬碰，此地不宜久留，于是借口上厕所，一走了之。

这一走，便"走"出了危机，保存了实力，才有了日后打败项羽，建立汉朝的不朽伟业。

从某种程度上来说，中国革命战争的胜利也是"走"出来的。毛泽东在第二次国内革命战争时期，制定的游击战争基本原则，即"敌进我退，敌驻我扰，敌疲我打，敌退我追"的"十六字诀"和运动战的基本原则，即"你打你的，我打我的，打得赢就打，打不赢就走"等，都是"走为上"计的运用和发展。红军爬雪山，过草地，越过敌人重重包围，完成25000里长征，实现了战略转移。解放战争初期，国民党百万大军向解放区大举进攻，在敌强我弱的情况下，人民解放军采取退让一步的做法，不计一城一地的得失，主动放弃了一些地方。这些都是"走为上"的典范。毛泽东指出："暂时放弃若干地方若干城市，是为了取得胜利。"果然，随着战争形势的发展，人民解放军及时发起辽沈、平津、淮海三大战役，开创了战略反攻的新局面，赢得了解放战争的全面胜利。

现在，"走为上"已经成为人们常用的一个词语，用以比喻摆脱困境、另寻出路的办法。事实上，人们也自觉不自觉地把它当作一条经营思路。例如，在竞争对手过于强大的情况下，有的企业干脆放弃与之竞争，改行他途，以求生存。这并不是软弱的表现，而是为了避实击虚，另闯新路。又如，当自己所生产或经营的商品已经处于生命周期的最后阶段，销量已明显下降并且没有回升的希望时，有的企业便坚决果断地停止该产品的生产，再找出路，另辟蹊径。

[小结] "败战计"的制胜逻辑

自古以来,人们都追求百战百胜,当一个常胜将军。但是,战争在很多情况下是不以人的意志为转移的,特别是在事业的初创时期,一方面自身力量微弱,另一方面强手林立,在这种不利态势下要想每战必胜是不现实的。因此,统军作战的将领们必须学会如何面对不利条件,如何在有可能失败的危局中转危为安。为此,《三十六计》的作者总结历史经验,提出了六个步骤及相应的六条计谋:

第一步是瓦解敌军将领的意志,求得自己生存。可以先采用软性进攻的方法,即"美人计"。对兵力强大的敌人,首先要制服他的将帅;对足智多谋的将帅,要设法瓦解他的斗志。一旦将帅斗志衰退,部队士气不振,战斗力自然削弱。利用敌人的弱点,进行渗透控制和分化瓦解工作,就能顺应形势,保存和发展自己的实力,变弱为强,反败为胜。其具体方法可以用美女消磨敌人的意志,增加敌人内部的怨恨。

第二步是迷惑敌人,创造摆脱危险的条件。这一目的可以通过"空城计"来实现。在敌众我寡、敌强我弱的情况下,可以有意显示出空虚的样子,使敌人加重疑虑,不敢轻举妄动。

第三步是以谋克谋,加强自身安全。这就要采用"反间计"。利用敌人给我布下的疑阵,反过来给敌人设下疑阵,对于假象一定要以假象来对待。有来自敌人内部的辅助,我们就能取得胜利,且不会受到半点损失。

第四步是佯装臣服,打消敌人的戒备心理。不妨采用"苦肉计"。当战场情况对自己非常不利,甚至可能全军覆没时,不得不派间谍进入敌国挑拨离间,如果间谍假装伤害自己,做得像真的一样，敌人就会相信是真，而不会怀疑是假的。这样，"离间计"就能实现了。

第五步是多方入手，引诱敌人自己消耗实力。达到这种效果可用"连环计"。面临兵多将广的强大敌军，切不可硬拼，而要运用计谋，使其内部发生矛盾并自相牵制，借以削弱它的战斗力。

第六步是避敌锋芒，全师而退。这就要采用"走为上"之计。在敌强我弱，胜利在望的情况下，为保存自己的实力，全军主动退却，避开强大的敌人，等待有利时机，再去攻打敌人。这个"走"，绝不是消极的逃跑，也不是盲目的撤退，而是为以后的反败为胜创造条件，是有计划、有目的的主动退却。它形式上是消极的，实质上是积极的、主动的。

以上六计的基本思路主要是从思想上麻痹敌人，从战略上搅乱敌人，从意志上削弱敌人，从实力上消耗敌人，从而为保存自己创造条件。在商业竞争领域创业，其难度不亚于战争领域。特别是创业之初，实力弱小时尤为艰难。往往会遇到强中更有强中手，能人背后有能人的情况。在暂时处于劣势或败局的情况下，如何挽回经营困境，以劣胜优，或保存实力，等待时机，东山再起，"败战计"中的六条计谋都可以借鉴和发挥。当然，这些计谋并非败者、弱者的专利，胜者、强者也可以在更广的范围加以创造性运用。

附录一

《三十六计》计名诗

《三十六计》名目较多,逻辑性不强,不便记忆,有人经过苦思冥想,终于巧用三十六计的计名写成了诗句。现辑录常见的两首,以便读者记住三十六条计名及整体框架。

(一)

　　金玉檀公策,借以擒劫贼;
　　鱼蛇海间笑,羊虎桃桑隔;
　　树暗走痴故,釜空苦远客;
　　屋梁有美尸,击魏连伐虢。

"三十六计"始于南北朝时期的檀道济,所以诗的开头是"金玉檀公策"。这首诗里除了"檀公策"三个字外,每个字都包含了一条妙计,按照诗中的顺序分别是:

金蝉脱壳、抛砖引玉、借刀杀人、以逸待劳、擒贼擒王、趁火打劫、关门捉贼、混水摸鱼、打草惊蛇、瞒天过海、反间计、笑里藏刀、顺手牵羊、调虎离山、李代桃僵、指桑骂槐、隔岸观火、树上开花、暗渡陈仓、走为上、假痴不癫、欲擒故纵、釜底抽薪、空城计、苦肉计、远交近攻、反客为主、上屋抽梯、偷梁换柱、无中生有、美人计、借尸还魂、声东击西、围魏救赵、连环计、假道伐虢。

(二)

　　瞒魏杀逸打东生,暗观刀僵手惊魂。
　　调虎离山欲抛王,三十六计一半明。
　　釜水脱贼交伐梁,指桑骂槐痴屋上。
　　反客为主美人计,空间肉连走为上。

在这首七律中,除第四句外,都是三十六计的计名,有的取一字,有的取两字,有的用全称,依次为:瞒天过海、围魏救赵、借刀杀人、以逸待劳、趁火打劫、声东击西、无中生有、暗渡陈仓、隔岸观火、笑里藏刀、李代桃僵、顺手牵羊、打草惊蛇、借尸还魂、调虎离山、欲擒故纵、抛砖引玉、擒贼擒王、釜底抽薪、混水摸鱼、金蝉脱壳、关门捉贼、远交近攻、假道伐虢、偷梁换柱、指桑骂槐、假痴不癫、上屋抽梯、树上开花、反客为主、美人计、空城计、反间计、苦肉计、连环计、走为上。

附录二

中国传统战略思想的特点及思考

《三十六计》侧重的是谋略之术，多为操作层面的具体计谋，学习中国博大精深的谋略思想，绝不能满足于此。为了加强读者对中国传统谋略思想的了解，从"道"的层面理解和运用《三十六计》的思想精髓，特附上此文。

　　中国五千年文明史，也可以说是五千年战争史，在漫长的历史长河中发生过数千次大大小小的战争。据不完全统计，从春秋战国到清朝的2600多年间，大小战争共2748次，平均每年1.4次。从宏观上看，这数千次战争大体可分为两种类型：阶级战争和民族战争。阶级战争又可分为封建阶级之间的战争（如三国、南北朝、五胡十六国等割据战争）；统治与被统治阶级之间的战争，如农民起义。民族战争可分为国内民族战争和外来民族战争。其中，前者占绝大多数，后者占少数。在这些此起彼伏的战争中，汉民族内部各阶层、各集团之间激烈斗争，并与各少数民族及外来民族反复较量，从而使中国古代战略思想不仅早于西方成熟，而且丰富多彩，各种战略思想观点和战略指导实践经验异彩纷呈。

　　由五千年战争史积淀而成的中国传统战略思想是当今人们思考和处理现实战略问题的向导。我们应当借助这一向导，科学地研究现实战略，正确地处理现实问题。

　　所谓传统，一是时间上的流传和延续，二是空间上的集中和凝聚。中国传统战略思想，就是指五千年流传下来的中华民族的主流战略思想。其中，以汉民族战略思想为主体，也包括曾经主宰中国历史的游牧民族的战略思想。

（一）中国传统战略思想的特点

之所以从特点入手，是学习实践毛泽东的研究方法。毛泽东在《中国革命战争的战略问题》一文中提出：研究和指导战争，必须着眼其特点和着眼其发展，既要研究一般战争规律，更要研究特殊的战争规律。我们研究中国传统战略思想的特点，就是试图在几千年战争历史的长河，以及浩如烟海的兵书战策之中，把握中国战争的特殊规律，提炼中华民族的战略智慧。综合起来看，中国传统战略思想主要有以下几个突出特点。

1. 整体思维，注重远谋

传统战略思想是一个民族文化积淀在战争指导问题上的集中体现，必然鲜明地反映出这一民族文化的特点。华夏民族源于农业文明。农业劳作春耕、夏耘、秋收、冬藏，具有严格的周期性，而且必须在生产周期内有机协调天、地、人、物等要素，才有可能获得好的收成。这种生产、生活方式决定了我们的祖先很早就善于宏观思维、整体筹划。因此，中国古代战略家思考战争战略问题时，往往从整体入手，进行宏观思考。比如《孙子兵法》分析战争从道天地将法五个方面同时着手，把战争放在国家整体大局中考虑，提醒国君将领要从整体上宏观地筹划战争，然后再研究奇正、虚实、主客等问题。而西方经典军事著作《战争论》则从战争最基本的要素"搏斗"入手，揭示搏斗的种种特性，然后得出"战争无非是扩大了的搏斗"的论断。前者是从宏观到微观，后者是从微观到宏观。

清朝一位学者的话更加清晰地揭示了中国人重宏观整体的特点："自古不谋万世者，不足谋一时。不谋全局者，不足谋一隅。"（[清]陈澹然《寤言》卷二《迁都建藩议》）。

综观历史，许多著名军事家就是遵循这种思路进行战略筹划的。曾经直接影响历史走向的三场君臣问对就很能说明这一点。第一场是周文王与姜太公的渭水对，第二场是刘邦与韩信的汉水对，第三场是刘备与诸葛亮的隆中对。这三场问对都鲜明地体现出宏观思维、整体筹划的特点。我们不妨以渭水对分析这一特点。

据《吕氏春秋·用民》记载，夏禹之时，天下万国，至于商汤而有三千余国。商王国与各氏族方国之间的关系，是以商王国为中心的不平等的方国联盟，具有军事联盟和贡纳的性质。商王国虽然不是统一天下的大帝国，但也是足以号令天下、控制四方的大邦国。当时，周氏不过是三千方国中的一个小国，地处偏僻的沣水西岸，与商王国实力相差悬殊。幸运的是，周文王出行时，在渭水边遇到了正在钓鱼的姜太公，双方一阵对话之后，周文王发现姜太公非寻常之人，便向他请教取天下的良策。姜太公根据商周实力对比，从政治、经济和军事等方面考虑，提出一系列建议。归纳起来有三个要点：一是韬光养晦，不要直接挑战商王朝。"鸷鸟将击，卑飞敛翼；猛兽将搏，弭耳俯伏；圣人将动，必有愚色。"（《六韬·武韬·发启》）二是扩大军事联盟，隐蔽发展经济实力，与周边方国建立友好关系。三是实施软性进攻，怂恿商纣王扩张和腐化。"因其所喜，以顺其志。彼将生骄，必有奸事，苟能因之，必能去之。"（《六韬·武韬·文伐》）周文王采纳了这些建议，并奉为基本战略方针。此后，周文王在国都"为玉门，筑灵台，列侍女，撞钟击鼓"，装作享乐腐化的样子，以欺骗纣王，纣王因此对文王放松了警惕，并认为"西伯改过易行，吾无忧矣"，竟然赋予其"得专征伐"大权。周文王乘纣王出兵东征的机会，兼并了周围的一些小国，不断扩大军事联盟，逐渐达到"天下三分有其二"的程度。周武王继位后四年（公元前 1057 年，一说公元前 1027 年），商纣王统治集团分崩离析，商军主力远征东夷，首都朝歌空虚。姜太公见时机成熟，建议周武王趁机出击，发动了大规模的牧野之战，一举灭亡商朝，开创了西周王朝。

司马迁在《齐太公世家》中说："后世之言兵及周之阴权皆言太公为本谋。"所谓"本谋"，就是谋之本源。这里有两层意思：一是姜太公为开创西周大业的谋略总策划师，周文王、周武王灭商的整个过程都以姜太公的战略思想为指导。二是姜太公为中国兵学开山鼻祖，后世兵家都以他的谋略思想为本源。

战略，是筹划战争全局的方略。势必要求战略家站得高，看得远，想得深。中国古代优秀的战略家进行整体思维，"谋全局"的同时，十分注重远观，"谋万世"。然而，这种远观、远谋往往不是摆在桌面上、一目了然的，而是虚实相间、奇正相生、刚柔相济，需要人们深入思考、辩证分析方能把握其真谛。三国时期魏延与诸葛亮在北伐方案上的争论延续千年，谁的作战方案更为正确，一直到现在仍有人在争论，意见不一，可谓千年之争。

诸葛亮主张安从坦途，先攻陇右（今甘肃陇山西）、再取秦川（关中一带），威胁长安。魏延则主张出子午道（今陕西安康过秦岭至西安）险道，直攻长安（今西安西北）。诸葛亮否定了魏延的建议，坚持己见。一些人为魏延鸣不平，认为出子午道之计可以攻其无备，出其不意，胜算很大。但是，魏延只是在理论上分析了奇袭的可行性，实际上子午道崎岖难行，不可能达成偷袭效果，风险巨大，而且与诸葛亮的战略目的相悖。

当时十分天下，魏国占其七，吴国占其二，蜀国仅占其一而已。力量如此悬殊，诸葛亮为什么要北伐？不外乎两个目的。一是重振蜀国军心民意，恢复蜀汉实力。当时，刘备病死不久，诸葛亮打出北伐、恢复汉家天下的旗号，有助于统一军民的意志，巩固自身的领导地位。二是以攻为守，阻挡魏军南下。诸葛亮的真正目的，并非与魏国决战，而在于斩断魏国右臂，控制河西走廊，依靠雍凉积蓄力量，与魏国打持久战，从而保证相当长时期内蜀国不被魏国吞并。显然，诸葛亮的战略考虑兼顾了军事、政治、经济等多种因素，关照了眼前和将来，整体思维和长远谋划融为一体。然而，其中之意又不便于明说。魏延受单纯军事观点所限，未能理解诸葛亮的长远谋划。这一战例告诉人们，战略执行者要想正确理解决策者的战略意图，也必须具备宏观思维和长远谋划的能力。

2. 文韬武略，互为表里

西方著名军事理论家克劳塞维茨重要贡献之一，就在于明确提出了"战争无非是政治通过另一种手段（暴力）的继续"这一观点。列宁曾给予极高评价，认为"这一原理"是马克思主义者"考察每一战争的意义的理论基础"。其实，克劳塞维茨不过是用西方语言重复了中国古代兵家的观点而已。早在两千多年前，中国封建体制形成初期，中国人就对战争与政治的关系有了较为深刻的认识，提出了许多精辟见解。

《孙子兵法》开篇第一句话提出："兵者，国之大事，死生之地，存亡之道，不可不察也。"如何"察"？那就是要全面考察双方的政治、经济、军事、法制、自然环境诸方面的情况。其中，排在第一位的是"道"。"道者，令民与上同意也。"显然，这里的"道"就是政治。战略筹划要依"道"而定。

战国时期兵家尉缭子在这个问题上有过更为清楚的表述。

他提出:"兵者,以武为植,以文为种。武为表,文为里。能审此二者,知胜败矣。文所以视利害、辨安危,武所以犯强敌、力攻守也。"(《尉缭子·兵令上第二十三》)意思是说,战争问题,以军事为骨干,以政治为根本。军事是表象,政治是本质。能分清这两者的关系,就懂得胜败的道理了。政治是观察利害、辨别安危的,军事是打击强敌、致力于攻守的。显然,这种表述比克劳塞维茨的观点更为深刻。克氏只认识到战争是政治的继续,尉缭子则揭示出政治是内在本质,军事是外在表象,政治与军事互为表里的主从关系。这种关系体现在国家战略层面,就是政略决定战略,战略服从和服务于政略。

这种思想延绵数千年,高明的战略家往往根据这一原则决策战争、指导战争,失败的战略家则往往败于此。楚汉战争就很能说明问题。

刘邦和项羽都以取天下为目标,但是战略上却各有一套。公元前206年,刘邦先行一步进入咸阳,秦王子婴投降,富丽堂皇的秦宫就在眼前,刘邦很想武力占有。武将樊哙直率地指出,"沛公欲有天下耶,将为富家翁耶?凡此奢丽之物,皆秦所以亡也,沛公何用焉!愿急还霸上,无留宫中!"谋士张良也直谏:"秦为无道,故沛公得至此。夫为天下除残贼,宜缟素为资。今始入秦,即安此乐,此所谓'助桀所虐'。愿沛公听樊哙言。"刘邦采纳其言,采取一系列政治策略,宣布废除秦朝的一切苛政,与关中父老"约法三章","杀人者死,伤人及盗抵罪",并留用秦朝的一些官吏,以维持社会秩序。这一系列措施深受关中人民的欢迎,起到了收揽人心的作用,同时也获得了关中地主阶级的支持。他们"争持牛羊酒食,献飨军士",都"唯恐沛公不为秦王"。

从军事实力上来看，项羽远远超过刘邦。项羽有 40 万大军，刘邦不过 10 万。但是，项羽的政略思维远逊于刘邦，他只注重军事战略上的猛攻猛打，忽略政略上的指导。当他听说刘邦先入关中的消息时，急忙向关中挺进。进入咸阳后，与刘邦做法完全相反，"杀秦降王子婴，烧秦宫室，火三月不灭，收其货宝，妇女而东"。大肆烧杀抢掠，引起关中民众痛恨。"得民心者得天下，失民心者失天下"。四年之后，项羽兵败垓下，刘邦执掌天下。

这种因政略的得失而导致战略的得失，进而影响事业成败的情况，在北方游牧民族发展史上也有体现。

北方游牧民族逐水草而居，偏重于军事上的进攻，尤以蒙元为主。元太祖成吉思汗曾梦想让"蓝天之下都成为蒙古人的牧场"。在这种思想的指引下，他奉行的基本原则是"战胜敌人，将他们连根铲除，夺取他们所有的一切"（《史集》）。正是在这种思想的指导下，蒙元实际上奉行的是一种积极进攻战略，通过攻城掠地，迅速扩张自身势力。不仅征服了中原，而且三次远征欧洲，最远打到奥地利；一次远征中东，先后攻占巴格达、大马士革；两次渡海进攻日本，均因台风未果；多次南下越南、缅甸、印尼。

然而，蒙元所取得的这些军事上的胜利并没有赢得长久和平、稳固的利益，在中国所建立的蒙元政权不过延续了 98 年便结束，蒙古人不得不退出中原，远遁漠北。其短命的关键原因就在于统治者重武略轻文韬，缺乏大战略思想。蒙元统治时期，政治上实行民族歧视压迫，把天下人分为四类十种，规定蒙古人是享有特权的最上等人，极大地激化了民族矛盾。经济上横征暴敛，千方百计搜刮民脂民膏以保障战争消耗，加重了民众的负担。文化上排斥汉族先进文化，入主中原后未能长治久安，便又复还塞北，继续以游牧为生。虽然忽必烈后期也在一定程度上采用汉法，但是由于文字不通，难以真正得到汉民族先进文化的精髓。这些因素综合作用，决定了蒙元虽然善于马上打天下，却不善于马下治天下。

清王朝创始者们吸取了蒙元的教训，把战略与政略有机结合起来，入关之前注意学习汉文化、重用汉将，入关之后大量接受中原文化，推行汉法，以致康熙、雍正、乾隆三朝，政治上空前统一，封建经济高度发展，国力强盛，史称"康乾盛世"。

3. 既重谋略，又重实力

西方人以海洋文明为主，主动出击、掠夺财富是其重要生存方式。基于这种传统，西方军事家大多崇尚力量，从战略上筹划战争和指导战争时往往偏重于以力量实施军事打击。西方经典军事著作《战争论》的基调就是"暴力至上"，强调"在战争中手段只有一种，那就是战斗"，"主力会战是战争的真正重心"。中国人自古以农业文明为主，顺天应时、自给自足是其重要生存方式。基于这种传统，中国人偏重于运用智慧使天时、地利、人和融为一体，营造有利的生产、生活环境。这种思维方式反映到兵家的头脑中，则表现为崇尚谋略。中国历史上见诸于著录的兵书有3380部，至今保存下来的有2308部，这是任何国家都不可比拟的。大量的史书虽不是兵书，但也以记载战争为主。而且，记载战争时往往偏重于记述战略谋划过程，忽略作战细节。这些现象很能说明中国人崇尚谋略的特点。例如，各史书记载牧野之战，主要篇幅用于记载大战之前姜太公为周文王、周武王出谋划策的过程和谋略思路，至于作战时的具体情景仅用"血流漂杵"几个字形容。在这一点上，西方军事著作却恰恰相反。古希腊、古罗马时期的军事著作《伯罗奔尼撒战争史》《高卢战记》《远征记》等，大多偏重于记载凯撒、汉尼拔等著名军事人物征战的过程，而没有像《孙子兵法》那样提炼他们的谋略思路。

值得注意的是，中国人重谋有三个鲜明的特点：

一是侧重战略层面的谋略。古代兵法中有一句名言："以计代战一当万。"（《晋书》卷三十四，《杜预传》）有人以此说明中国人重谋轻力。其实，这句话的真正含意在于强调计谋统筹全局的作用。有限的军事实力在巧妙的谋略指导下有可能发挥出无限的能量。没有正确的谋略指导，成千上万次盲目浪战，成千上万人拼死搏杀，不仅达不到目的，反而造成巨大灾难。所以，几乎历代兵家都强调："伐敌制胜，贵先有谋。谋定事举，敌无不克。"（《明太祖宝训·经国》）"兵欲胜敌，谋贵素定，而战胜可必。"（《删定武库益智录·谋猷篇》引马文升语）

二是重视集中众人的谋略。古代兵家重视谋略，既强调决策者个人要有高超的谋略智慧，更注重集中众人智慧，发挥智囊团的作用。古人提出："智不备于一人，谋必参诸群士"，"任天下之智力"。这样，才能避免决策失误，成就一番大业。

三是谋略与实力并重。目前学术界有一个说法较为流行，认为中国人重谋轻力，西方人重力轻谋。严格地说，这是一种对中国传统文化的误解，对当代中国人的误导。中国人重谋是不假，但从来不轻力。《孙子兵法》是普遍公认最具谋略色彩的兵书，但孙子最重视的恰恰是实力。十三篇中的第一篇《计篇》的"计"并不是指计谋，而是计算。算什么？决策之前先算一算双方道天地将法五个方面的实际状态，分析双方综合实力强弱，然后再据此设计恰当的谋略思路。这一篇末尾说道："未战而庙算胜者，得算多也。未战而庙算不胜者，得算少也。多算胜，少算不胜，而况于无算乎。吾以此知胜负矣。"许多人把其中的"算"单纯理解为计算，以为多计算就能胜利，少计算就会失败。这样理解固然不错，但很不到位。这里的"算"更重要的含意是代词，代指庙堂分析计算双方实力时的一种工具，即六寸长的小竹棍子，类似现在道观里算命的东西。先秦时期国君主将庙算时就用这种工具代表有利条件或实力单位，有利条件或实力强者加一算，不利条件或实力弱者减一算，双方综合实力对比一目了然。战争的规律是"多算胜，少算不胜，而况于无算乎"，也就是说实力强就容易获胜，实力弱就容易失败，更何况没有实力的情况下，必败无疑。

孙子不仅强调实力为谋略的基础，而且特别注重谋取绝对优势的实力。《孙子兵法》中的《形篇》就是专门讲谋取优势实力的，其中有一句十分精辟的话："胜兵若以镒称铢，败兵若以铢称镒。"这里的"镒"和"铢"原是古代的重量单位，1镒等于24两，1两等于24铢，那么1镒等于576铢。也就是说，战场上打胜仗的一方是由于拥有远多于对方的兵力，而打败仗的一方则是由于兵力明显弱小。显然，这是用夸张的比喻，提醒将领们一定要注重谋求力量的绝对优势。

孙子不仅理论上注重谋取实力优势，实践中更是依据实力进行战争决策。公元前512年，孙子带着兵法十三篇觐见吴王阖闾，受到阖闾赏识，拜为将军。拜将的同时，阖闾就要求孙子带兵攻打楚国。然而，出乎吴王意料的是，孙子并非欣然从命，而是劝阻吴王暂时不要出兵，认为："民劳，未可，待之。"也就是说，吴国的军队和民众连年征战，已经很疲劳，还不足以进攻楚国,应等国力、军力强大一些再进攻。当然,孙子所说的"待之",应绝非守株待兔式的消极等待,而是与伍子胥合谋出了一个"三师肄楚"之计。"三师"就是三支部队,"肄",就是使敌军奔波疲劳。具体做法是,将吴军分为三支部队,轮番出击楚国几个不同的地方,当楚军出兵迎击时就迅速撤回。一支部队撤回另一支部队又出击,频繁骚扰楚军,麻痹敌手。连续六年无规则短促出击,害得楚军主力来回奔波于道路之上,力量大为衰减,意志逐渐瓦解。同时,吴军这种打了就跑、不作决战的做法,也给楚军造成错觉,误以为吴军的行动仅仅是"骚扰"而已。公元前506年,楚国的附属国唐和蔡先后叛离楚国,楚王发兵攻打,唐蔡两国向吴国求救,孙子认为吴国实力足以与楚国匹敌,可以抓住这一机会大战一场。于是建议吴王出动全国之兵,出其不意地远程奔袭楚国。结果大败楚军,攻占楚国首都。

孙子的后世子孙孙膑也提出"战胜而强立",认为只有靠实力赢得胜利,才能在诸侯兼并战争中立于不败之地。秦国之所以能够兼并六国,完成统一大业,关键在于采纳商鞅之策,大行变法,政治、经济、军事实力迅速增长,超越六国,因而能够战胜而强立。相反,六国重用苏秦之类策士,把战略重心放在合纵连横的计谋上,靠投机取巧的手法与秦齐周旋,终究难挡秦国的进攻势头。

西汉初年,汉朝之所以与匈奴和亲,并非主观情愿,其实是军事实力敌不过匈奴情况下的一种无可奈何的战略选择。经过60多年的休养生息,汉人大量养马,骑兵力量超过匈奴时,汉武帝采取积极进攻战略,屡次北上讨伐匈奴,迫使匈奴远遁,大漠之南无王庭。

由此可见，中国古代战略家无论国家处于强势还是弱势，思考战略问题时，总是以实力为决策依据的。

4. 柔武为先，后发制人

"柔武"，是中国传统战略思想最为典型的特点。最早见于西周时期的《逸周书·柔武》。书中总结了姜太公的谋略思想，并提出一个观点："善战不斗，故曰柔武。"意思是说，所谓柔武就是要善于巧胜而不硬拼。《辞海》解释："以怀柔之策，收征战之功。"应当说，这种解释还不够准确。柔武不等于不武，而是不要黩武。

中国古人表述兵法大多用哲学语言，格言式的论断组合，常常寥寥数语就表达出无限的含义，"柔武"虽然只有两个字，却涵盖了古代兵法中的攻与守、虚与实、奇与正、迂与直、刚与柔、阳与阴等众多的概念。从现代军事学的角度去看，可以说，柔武战略是一个包容了国家战略和军事战略的大战略思想。其深刻内涵主要体现为四个方面：

（1）守柔贵雌——柔武战略思想的核心

几千年来，中国人面对的地理环境是一个相对封闭的大陆环境。北面是荒漠草原，西面是青藏高原，东面和南面是茫茫大海。中华民族的文化圈就局限在这一天然的界限之内。在这一文化圈中，农耕文化占着主体地位，并且得到充分地发育成长。游牧文化和渔猎文化虽然也占有一定的地位，但未能得到健康的发展，从而使华夏民族政治、经济、文化发达，而由传统农业生产方式和工具发展而来的车军、步军、水军不如北方游牧民族的骑兵。

封闭的地理环境，发达的农业经济，先进的思想文化和被动的军事态势，造就了华夏民族求稳求静、坚忍不拔、推崇集体力量的心理趋向。反映在军事上就形成了"居安思危""守柔贵雌""后发制人"等一系列战略品格。

在古代兵家那里，柔武不是软弱。《老子》说："守柔曰强。""柔弱出于己者，其力不可量。"这就是说，阴柔代表的是具有蓬勃生机、生动灵活的新生事物，是具有必胜信念的正义之师。守柔对己是蓄锐，对敌是避锐。从形式上看，似乎是消极的，被动的，但实质上是外柔内刚，柔中有刚，绵里藏针。暂时的"不争"，正是为了将来的"与之争"。反之，那种貌似强大、不可一世、到处伸手的阳刚者却是代表一种垂死的、衰败的事物。所以《老子》说："兵强则灭，木强则折。"

姜太公当年的韬光养晦就是守柔战略，以屈求伸的战略。仅次于姜太公的柔武战略家是范蠡。他在协助越王勾践灭吴斗争中，无论在理论上还是实践上都作出了巨大贡献。越国被吴国打败之后，范蠡建议越王勾践采取处静守柔之策，要"柔而不屈，强而不刚"，实质上是要外示柔弱而内心不屈服，隐蔽争强而不外露。在这种思想指导下，越国经过"十年生聚，十年教训"，国力逐渐强盛、军力日益增长。

守柔贵雌是一种战略上的智慧控制术，蕴含着以智取利，以智斗力，以智斗智的战略思想，往往有益于产生三大效果：一是隐蔽企图，避免过早决战；二是稳步发展，扭转不利态势；三是亲善友邻，扩大己方阵营。正因为守柔贵雌有如此效果，在中国历史上无论是汉族的政治集团还是少数民族的政治集团，在势力初兴之时，都选择了这一战略。尽管他们所代表的势力在同强者斗争的开始阶段柔如春草，但只要它代表的是新生事物、进步力量，最终都能运用守柔的战略策略战胜强大的对手。

（2）尽其阳节——柔武战略思想的要求

柔武，并不等于不武，更不等于只守不攻，而是尽量不用暴烈手段强攻，主要采用隐蔽方式软攻，逐步征服敌人。军事上的通则是强胜弱败、优胜劣败。柔弱要战胜刚强，必须实现强弱易势、态势转换。问题的关键是，如何实现这种转化。《老子》说："将欲弱之，必固强之。"意思是说，要想使强大的敌人变为弱小，那就必须先使它超过强大的限度。范蠡进一步发展这种思想，建议越王"尽其阳节，盈吾阴节而夺之"。也就是想办法引诱对手耗尽实力，同时我方隐蔽发展实力，一旦强弱易势，便一举夺之。中国古代的兵家很讲究"度"，《尉缭子》说："无过在于度数。"通俗地说，就是避免指挥失误的关键在于正确掌握用兵火候。超过了一定的限度，穷极生变，物极必反。范蠡"尽其阳节"之计的目的就在于驱使敌人"过度"。为此，他采取了多种手段。例如：给吴王夫差送去大批良工巧匠和建筑材料，促使吴王大兴土木，建造楼堂馆所，大量消耗财力；给吴王夫差送去两千兵马和一些武器装备，赞助吴王北上与齐国、晋国争霸，大量消耗军力。夫差不知其中有计，反而以为越王真心臣服，便放心大胆北上争霸。正当他北威齐晋、问鼎天下霸主地位时，由弱转强的越国后发制人，避实击虚，突然袭击，一举灭亡了吴国。古往今来，多少称王称霸者无一不是利令智昏、穷兵黩武而走向灭亡的。现实的例子更是殷鉴不远。冷战时代，苏美两霸拼其国力进行军备竞赛，结果苏联解体，美国也伤了元气。

尽其阳节，实质上就是要误导敌人、消耗敌人、削弱敌人。实际上，这也是孙子所追求的战略境界。孙子认为："百战百胜，非善之善者也；不战而屈人之兵，善之善者也。"（《孙子兵法·谋攻》）有人据此认为，孙子是和平主义者，主张不用任何战争手段征服敌人。这种理解未免过多拘泥于字面含义。其实，这一句话表达了孙子的最高理想，也代表了中国传统战略思想的根本追求，那就是以智取胜，避免强攻，争取柔胜。实现这种胜利的基本途径则是"上兵伐谋，其次伐交，其次伐兵，其下攻城"。柔取为上，强攻为下。所以，他认为"古之所谓善战者，胜于易胜""胜已败者也"。如果专门打击容易被战胜的弱小对手，或者专门打击已经处于失败地位的对手，没有什么可值得称道的，更谈不上"善战者"。孙子所欣赏的"善战者"是善于使强大而难攻之敌变为弱小而易取之敌，把优势之敌变为失败之敌。实现这种转变的主要途径不是直接交战，而是与范蠡的谋略一致。孙子主张："敌佚能劳之，饱能饥之，安能动之，出其所必趋也。"（《孙子兵法·虚实》）或者"屈诸侯者以害，役诸侯者以业，趋诸侯者以利"（《孙子兵法·九变》）。通过多种方式调动敌人、消耗敌人，使其由强变弱，易于攻取。

（3）盈吾阴节——柔武战略思想的基础

战争是谋略智慧的较量，也是物质力量的拼搏。没有雄厚的物质力量作基础，再好的战略思想也难以实现。正如孙子所揭示的胜负规律："胜兵若以镒称铢，败兵若以铢称镒。"（《孙子兵法·形篇》）力量强弱是决定战争胜负的重要因素。尤其是力量弱小的一方，单凭斗智永远不可能战胜强大对手。历史上众多战略家清楚地认识到了这一规律，在"尽其阳节"的同时，力求"盈吾阴节"，即走富国强兵之路。

"国富则兵强，兵强则战胜"。对于今天的中国，无论是从中华民族的文化背景看，还是从今天的中国国情看，依然没有过时。中国要发展、要崛起，要立于世界之林，仍然要走一条与西方现代化不同的道路,这是现实的惟一选择。

总之,运用高超的谋略艺术削弱对手和隐蔽地发展综合国力,构成了柔武战略的两翼,二者缺一不可。

(4)而后夺之——柔武战略思想的目的

战略是对抗活动的产物,目的在于指导人们赢得对抗的胜利。不言而喻,历代战略决策者施行柔武战略无一不是为了赢得战争或竞争的胜利。但是,柔武战略所遵循的路线不是速决,而是持久,在长期对抗中逐步削弱对手,最终赢得胜利。因此,古代柔武战略的大师们特别强调两点:一是顺时而动,二是后发制人。

农业文明既塑造了中国人"守柔"的情结,同时也培养了中国人"守时"的习惯。这里的"时",是指自然规律。守时,即按自然规律办事。当年,越王勾践急于攻打吴国时,范蠡认为越国实力不够,条件不成熟,便劝告说:"圣人随时以行,是谓守时。天时不作,弗为人客。人事不起,弗为之始。"也就是说,要根据天时、地利等自然规律变化办事。不要违背天时在合适的时机到来之前抢先动手,不要在对方未出现内部裂痕之前主动开启战端。当务之急是稳步发展,加强实力。勾践不听劝告,率军与吴军在夫椒展开大战,结果一败涂地。勾践之败,就败在急于求成,不能持久备战。

历史上一些成大业者,关键在于善于守柔、守时。朱元璋起事之初,听取谋士朱升的建议,以"高筑墙,广积粮,缓称王"为基本战略思路,迷惑中央政权及各势力集团,同时隐蔽发展和扩张自己的势力,最终开辟大明王朝。努尔哈赤面对强大的明王朝,采取"伐大树"战略:"欲伐大木,岂能骤折?必以斧斤伐之,渐至微细,然后能折。"在先后兼并女真族各部的同时，对明王朝表示效忠，以致被崇祯皇帝认为是"忠顺守边"的好将领，从而得以将其势力范围循序渐进地扩大到长城脚下，直逼京城。

需要强调的是，守柔、守时，并不是弱者的专利，并非强大了就不需要守弱、守时。范蠡提出，即使力量强大的时期也要"盈而不溢，盛而不骄，劳而不矜"，从而保证国家的稳步发展，避免过多树敌，避免过早消耗。

在激烈的战争或竞争中，转化敌强我弱的态势，不可能瞬间完成，必须经过相当长的时间和具备多方面的条件，不能急于求成，中断转化进程。因此，后发制人便是唯一正确的策略。关于后发制人，范蠡说得非常清楚，"尽其阳节，盈吾阴节而夺之。"意思是说，待到进攻之军锐气耗尽，防御者的潜力达到强盛之后，就可以反守为攻，战胜进攻之敌。这是一种非常古朴的战略思想。早于范蠡数百年前的兵书《军志》中就明确提出了这一思想，即"先人有夺人之心，后人有待其衰"。也就是说，实行先发制人战略，必须首先攻心夺气；采用后发制人战略，则必须等待对方力量衰竭时再发起攻势行动，从而确保一举获胜。

应当强调的是，在中国古代兵家的思想中，后发制人并不等于"不打第一枪"。什么时候该打，什么时候不该打，一切依时机而定。"时不至，不可强生。"相反，一旦时机成熟，则要马上采取行动，如同救火和追赶逃亡者一样，不能有丝毫的迟疑："臣闻从时者，犹救火追亡人也，蹶而趋之，唯恐弗及。"之所以要如此急迫行动，一是因为"得时无怠，时不再来"，二是因为"天予不取，反为之灾"，"得时不成，反受其殃"。所以，在战局发生根本改变，有利战机出现之时，绝不拘泥于谁打第一枪，而是竭尽全力一举夺之。

综上所述，柔武可以理解为积极防御，寓攻于守，以守为攻的战略。其中所蕴含的以柔克刚、以谋制胜、全胜为上等观念，正是中华民族几千年来的战争智慧之根，也正是中国古典战略思想的最典型特点。

需要注意的是，这种战略思想非常智慧，也非常巧妙，实践中必须准确把握一个"度"。"柔"过度，可能招致加倍受欺、民众不满、武备松弛、贻误战机等问题；"武"过头，则可能导致过早决战、大量消耗、四面树敌，后劲乏力等问题。而且，这种战略的隐蔽性、谋略性、长期性也使常人难以正确理解其真谛，预见其效能。这就更需要战略筹划和执行者保持清醒的头脑，冷静对待各方的怀疑和谴责，坚持按既定战略方针统领全局。

（二）中国传统战略思想的缺失

中国传统战略思想蕴含着中华民族独特的战争智慧和思维艺术，其中许多思想精华至今仍然富有生命力，值得我们学习和借鉴。但是，我们也应当看到，中国传统战略思想并不完美，存在一些明显的缺失。

1. 尊经崇圣，忽略创新

明代兵学家茅元仪说过一句话："前孙子者，孙子不遗；后孙子者，不能遗孙子。"非常精辟地概括了《孙子兵法》在中国古代军事思想发展史上承前启后的历史地位和深远影响。同时，透过这句话，也不难看出一个令人悲哀的现象，那就是《孙子兵法》问世后两千多年的封建社会历史进程中中国传统军事理论停滞不前的状态。为什么中国古代军事思想，包括战略思想，早熟而又早衰？从文化根源上来说，主要是由于农业民族习惯于守成，强调尊经崇圣，从而形成了一定的保守性。反映在战略思想上，往往体现为按经典、按老祖宗章法办事，以致忽略创新。

这种尊经崇圣的保持倾向发展到两宋时期最为严重，主要有两种表现。一是官方颁定《武经七书》，以此为武学教材和考试内容，选拔武官主要根据武举考试成绩，而非实际能力。大兴武学本来是好事，但是过了头则成了禁锢人们头脑的条条框框，武将打仗只知道照搬兵书，而不注重根据战场实际情况灵活指挥。另一种表现则是一切按圣旨御批办事。

宋太祖赵匡胤是靠黄袍加身而登上皇帝宝座的，为防止类似情况发生，宋朝历代君王一直奉行一条"家训"，那就是"重内患，轻外忧"，严格控制和防范武将。军权过分集中于皇帝，统兵的将领没有作战指挥权，必须按照远离战场的皇帝的指示作战。这方面，宋太宗尤为典型。他自认为是军事天才，每临战事，总要"图阵形，规庙胜，尽授纪律，遥制便宜，主帅遵行，贵臣督视"（《武夷新集》），不容有任何变通的余地，使将领无法根据战场实际情况灵活指挥作战，以至屡战屡败，最终北宋亡于金，南宋亡于元。

2. 重道轻器，忽略科技

中国古代兵家向来有重道轻器的传统。"道"，并不单指"道家"的思想，而是制约、规范力量运用的规律、道义的总称。在中国古代战略家看来，掌握了"道"，就等于掌握了运用力量最本质的奥秘，就能够清晰透彻地了解周围的一切，就能随着自然规律的运动而最终战胜自己的对手。正如《淮南子·兵略训》所说，"兵失道而弱，得道而强；将失道而拙，得道而工；国得道而存，失道而亡"。这里"道"，既指道义，也指谋划战争的道术。相对而言，技术因素在中国古代战略家的头脑中没有什么地位，进行战略筹划时几乎不考虑军事技术问题，以致古代上万卷兵书，研究军事技术和武器装备的寥寥无几。唐末发明了火药，宋初出现了火器，虽然很快演变成火器并用于战场，但由于人们头脑中根深蒂固的重道轻器思想的限制，这种当时世界上的领先技术并未受到高度重视和普遍推广。然而，这些技术传入欧洲后却演变为先进的火炮和机关枪，成为西方列强打开中国大门的主要工具。

3. 注重陆权，忽略海权

明朝以前，中国几乎没有海上忧患，所以传统战略中只重陆权，不重海权。虽然明朝曾有郑和七下西洋之举，有戚继光抗倭的斗争实践，但都被强大的习惯性思维所忽略。以至于在马汉构思《海权论》之际，晚清将领阅读的兵书还仅限于《武经七书》，头脑中几乎没有海洋概念。这种忽视海权、忽视海上力量建设的思想，致使晚清政府和军队无力应对西方列强从海上发起的侵略，屡战屡败。

（三）关于批判继承中国传统战略思想的思考

军队高级领导干部学习和研究战争战略理论，无疑也应首先学习和了解中国古代传统战略思想。在这个问题上，我有三点思考：

1. 借鉴中国传统战略思想精髓，分析解决现实战略问题

应当说，中国传统战略思想中有许多极具智慧的思想观点在现实生活中仍然富有生命力和指导意义。我们应当取其精髓，

用其神韵,创造性地运用它们,而不是忽略或抛弃它们。

比如,以文为种,以武为植的观点,在当代战略、战役、战斗界限日益模糊或重叠的情况下,更需要战略决策者予以高度重视,正确处理政略与战略的关系,充分发挥战略辅佐政略的重要作用。

又如,注重谋形造势的思想,在当代战争爆发突然,进程短促的情况下,比以往任何时候都更有指导价值。当代战争的胜负主要取决于平时的军力建设和战争准备,而不是战时的作战,战场较量不过是对平时战争准备好坏的一个公开检验而已。平时舍不得大投入、真准备,战时必然以大失败、真溃散为代价。

再如,强调宏观思维、整体筹划的思想,也具有很强的现实借鉴意义。国防与经济协调发展,传统安全威胁与非传统安全威胁兼重,军事斗争准备与非战争军事行动两手并用,主要战略方向与非主要战略方向密切配合,维护社会稳定与打击恐怖势力相互结合,等等,这些都是我们当代高级军政领导干部必须进行宏观思考和整体筹划的重大现实问题。

2. 把握中国传统战略思想的时代特征,立足现实研究战略问题

历史上曾经有清谈误国的教训。一些文人雅士自以为是,凭着所读的几本诗书便大谈国是,指点江山,导致社会思想混乱,国家政策失误。殊不知,战略思想具有鲜明的时代性,任何战略都是筹划当时战争全局的方略。违背时代条件,脱离客观环境,正确的战略思想也可能导致失败。应当看到,现实生活中这种清谈之士也大有人在。国家经济建设稍有好转便提出放弃韬光养晦战略,走重振汉唐雄风的道路。其愿望是好的,

但是如果上升为战略决策则有可能事与愿违。

韬光养晦战略方针，浸润着浓厚的中国古代柔武战略文化的色彩。它告诉我们，"要冷静、冷静、再冷静"。只有冷静才能认清形势，分析矛盾，利用矛盾。只有稳住阵脚，才能立于不败之地。为此，我们必须"埋头苦干，做好一件事，我们自己的事"。只有沉着应对，创造有利的战略环境，才能打好这一场没有硝烟的战争。

那么，仅仅过去三十多年，我们是否就强大到足以放弃韬光养晦战略的程度了呢？对于这种事关国家和军队发展方向、道路的重大战略问题，不能凭个人激情和历史经验，务必客观冷静地借鉴传统战略思维，着眼时代特点、现实能力、战略全局和长远发展，进行冷静思考，综合谋划。

3. 克服中国传统战略思想的弱点，大胆创新我军战略思想

传统的东西未必都是精华，即使是精华也不能偏激一端。如果偏激一端，精华也可能成为糟粕。中国古代战略思想偏于保守、忽略科技、重陆轻海等缺失，都值得我们高度重视。当代中国再一次置身于世界军事变革的大潮之中，打什么样的仗，建什么样的军，能不能打赢未来战争，是我们必须认真思考和着手解决的重大战略问题。

晚清时期，面对西方列强的频繁侵略，林则徐、魏源等人提出"师夷长技以制夷"，清政府斥巨资购买西洋武器，北洋舰队号称亚洲第一，但仍然抵挡不了列强的火炮。关键原因在于坚持"中体西用"的思路，改革不彻底。当今的世界军事变革，是一次军事领域全方位的变革，一次信息技术进步引发的变革，也是一次军事能力向海洋、电磁、太空领域全面拓展的变革，我们能否跟上变革的步伐，取决于我们变革的思路和程

度。这就需要我们克服传统思维弱点，抛弃部门利益和个人利益，大胆创新战略思想，按照打赢信息化战争的要求全面推进军事技术、军队体制、军事理论、人才建设等方面的变革，尤其是创新和发展我军的战略理论。